《溪发说税》系列丛书

溪发说税 之 企业所得税篇

林溪发 编著

中国税务出版社

图书在版编目（CIP）数据

溪发说税之企业所得税篇 / 林溪发编著． -- 北京：中国税务出版社，2021.2（2021.4重印）

ISBN 978-7-5678-1054-9

Ⅰ．①溪… Ⅱ．①林… Ⅲ．①企业所得税 - 税收管理 - 中国 - 学习参考资料 Ⅳ．① F812.424

中国版本图书馆 CIP 数据核字（2021）第 032770 号

版权所有·侵权必究

书　　名：	溪发说税之企业所得税篇
作　　者：	林溪发　编著
责任编辑：	范竹青
责任校对：	姚浩晴
技术设计：	刘冬珂
出版发行：	中国税务出版社

北京市丰台区广安路 9 号国投财富广场 1 号楼 11 层
邮政编码：100055
http://www.taxation.cn
E-mail：swcb@taxation.cn
发行中心电话：（010）83362083/85/86
传真：（010）83362047/48/49

经　　销：	各地新华书店
印　　刷：	北京天宇星印刷厂
规　　格：	787 毫米 ×1092 毫米　1/16
印　　张：	27.5
字　　数：	407000 字
版　　次：	2021 年 2 月第 1 版　2021 年 4 月第 2 次印刷
书　　号：	ISBN 978-7-5678-1054-9
定　　价：	79.00 元

如有印装错误　本社负责调换

  自 2008 年 1 月 1 日内外资企业所得税法合并后,《中华人民共和国企业所得税法》又历经了两次修改。与其他税种相比较,企业所得税纳税主体多样,涉税事项复杂繁多,加上相关配套政策不断推出,故纳税人及相关人员在计算及申报缴纳企业所得税时常存在一些困难。为此,《溪发说税之企业所得税篇》立足企业所得税税制特点,紧扣政策要点,结合工作实际,以案例形式解析企业所得税政策实务,以帮助纳税人应用企业所得税政策、享受企业所得税优惠,实现准确申报。

  本书共分为十六章,基本涵盖了企业所得税相关政策,书中对现行企业所得税政策进行了分类梳理,并加以政策解析。例如在"收入"部分,除介绍销售货物、提供劳务、建造合同、转让财产等常见收入确认的要点外,还从收入确认时间、金额等方面深度解读资产盘盈、押金、债务重组等各类收入特殊项目。又如在"扣除"部分,不仅阐述了职工薪酬、保险费、业务招待费等支出及财务费用,还进一步详细讲解了党组织工作经费、资产损失等扣除项目的实务操作。本书还重点阐述和分析了企业所得税的各类免税、减计收入,加计扣除与加速折旧等相关税收优惠,并就部分行业企业延长亏损最长结转年限、捐赠支出税前扣除等新冠肺炎疫情防控期间的最新政策进行介绍,以帮助纳税人用好政策优惠、尽享税收红利。

  本书是林溪发在其《溪发说税之减税降费篇》和《溪发说税之个人所得税篇》之后推出的又一本纳税实务类图书,对企业所得税业务知识和政策解读全面到位，表达方式较接地气，可供纳税人及财税实务工作者实际操作参考，故我愿再次为其作序。也希望作者能不断总结经验，适时再推出《溪发说税》系列更有深度的新作与读者分享。

厦门大学财政系教授、博士生导师

纪益成

2021年2月于鹭岛

序二

在我国现行税制中，企业所得税是仅次于增值税的第二大税种，在国家组织财政收入、促进社会经济发展、实施宏观调控等方面发挥了重要的职能作用，也是规范和处理国家与企业分配关系的重要形式。

近年来，我国财税主管部门相继发布了促进实体经济发展、支持"大众创业、万众创新"、增强小微企业发展动力、支持防控新型冠状病毒感染的肺炎疫情等一系列企业所得税优惠政策，由于政策多、专业性强，许多纳税人往往无法准确判断某项税收政策是否适用。因此，广大纳税人和财税工作者迫切需要一本将现行有效的税收法律法规与企业所得税实务相结合，集应用性和操作性于一体的专业读本。

《溪发说税之企业所得税篇》正是针对这一需求所编写，旨在帮助广大纳税人和财税工作者更好地学习和理解税法，提高税法遵从度，降低税收风险。本书具有以下特点：

一、内容丰富、结构清晰、查询方便

本书内容丰富，以收入、扣除、税收优惠、特殊项目、汇算清缴、其他等六篇为主线，把企业所得税政策业务的关键点有机串联起来，包括：16项营业收入，2项特殊收入；18项成本费用损失，6项资产的税务处理，3项亏损弥补；5项免税、减计收入税收优惠，5项加计扣除与加速折旧税收优惠，7项所得减免，2项抵扣应纳税所得额，10项减免、抵免所得税；7个特殊调整事项，2项特别纳税调整所得，6项居民企业所得税汇算清缴，2项清算申报，3项非居民企业所得税业务。

本书目录结构清晰，一个问题为一集，按篇、章、节归类，读者可以根据学习和工作需要快速匹配自己需要查找的问题，查阅专业答案。

二、情景问答、政策解读、通俗易懂

本书采用一问一答形式展开，以239个实务案例为基础，以最新政策为依据，对企业所得税核算要点进行讲解，通俗易懂。这些案例汇集了企业所得税所有的关键问题，具有代表性和典型性。

三、媒体融合、形式新颖、实用性强

本书每一集都精心匹配了相应的短视频，有助于读者直观快捷地理解和应用企业所得税相关政策，提升学习效果。

本书作者林溪发是我在厦门大学任教时的学生，多年来，我见证了他的成长历程，溪发为人谦和温逊，学风严谨，专业全面扎实，在业内颇具影响力，2020年12月31日溪发入选"福建省会计人才库"，并被择优选入"福建省会计专家"名单（"会计中介类专家"，共5名），同时入选"福建省第二届会计咨询专家"名单，由此可见一斑。

溪发一直坚守财税专业工作者的初心，专注于财税理论和实务研究，在繁忙的工作之余笔耕不辍，在《溪发说税之减税降费篇》《溪发说税之个人所得税篇》的基础上，又推出《溪发说税之企业所得税篇》，我被他孜孜以求的治学精神所打动，深感欣慰，特此倾情推荐。

愿溪发精心所著能助广大纳税人和财税工作者一臂之力！

政协第十届、第十一届全国委员会委员
容诚会计师事务所（特殊普通合伙）主席　陈箭深
厦门大学博士

2021年2月于南京

序三

对于财税实务工作者来说,准确掌握和及时适用各项企业所得税政策,对于提升汇算清缴质量、防范税收风险,尤为重要。我多年以来应各级税务机关邀请,为纳税人提供税收业务现场授课,其中企业所得税年度汇算清缴是重要内容。我在与纳税人互动交流时,纳税人纷纷表示,通过参加现场培训可有效学习掌握企业所得税政策及具体操作方法,因此对这类培训机会非常珍惜,有的甚至是驱车几十公里过来参加。为了让纳税人无须奔波,足不出户,更便捷地利用碎片化时间进行政策学习,我在《溪发说税》系列财税小视频中,不断充实企业所得税政策及实务操作等方面的内容,对其进行归纳整理并加以政策解析,精心筹划编撰《溪发说税之企业所得税篇》,作为《溪发说税》系列丛书的第三本。

《溪发说税》系列丛书之《减税降费篇》《个人所得税篇》分别于2020年3月、8月出版,广大读者对其给予了支持和肯定,并提出了不少建议,我深受鼓舞,加快了《溪发说税之企业所得税篇》的编写。

本书分为六篇,包括收入、扣除、税收优惠、特殊项目、汇算清缴和其他,共精选了纳税人及财税实务工作者在适用企业所得税政策时遇到的239个问题,1个问题为1集。每集包含情景提问、林老师解答及政策依据,并以"划重点、消痛点"的形式,剖析政策适用的痛点难点,部分还附有延伸案例及知识链接,便于读者加深理解。书中的每个情景问答都有相应的短视频,读者可以通过微信扫描每个情景问答所附二维码,进入中国税务出版社知识服务平台观看。

"自强不息，止于至善"，这是母校厦门大学的校训，我虽已毕业多年，但从不敢忘记，并一直以此鞭策和鼓励自己不断成长。作为从事财税实战专业服务已近27年的税务师、注册会计师，我谨以此书为纳税人在企业所得税政策应用提供指导和帮助，助力企业尽享税收政策红利！

林溪发

2021年2月

目 录

第一篇　收入篇

第一章　收入总额 …………………………………………… 3

第一节　销售货物收入 ……………………………………… 3

第1集　销售水果罐头采用托收承付方式，何时确认收入？ …… 3
第2集　销售电脑采取预收款方式，何时确认收入？ ………… 5
第3集　销售需要安装和检验的机床，何时确认收入？ ……… 7
第4集　采用支付手续费方式委托代销书籍，何时确认收入？ …… 9
第5集　采用分期收款方式销售仪器，何时确认收入的实现？ …… 10
第6集　采用产品分成方式取得的收入，何时确认收入的实现？ …… 11
第7集　采用售后回购方式取得的销售收入应如何计算？ …… 12
第8集　采用以旧换新销售模式取得的收入应如何计算？ …… 13
第9集　融资性售后回租取得收入应确认销售收入吗？ ……… 14
第10集　销售商品给予商业折扣时应如何确认收入？ ……… 16
第11集　销售商品给予现金折扣时应如何确认收入？ ……… 17

1

第12集　发生销售折让时应如何确认收入？……………… 18

第13集　采用买一赠一方式销售商品时应如何确认收入？……… 19

第14集　受托加工制造大型船舶，如何确认销售收入？………… 20

第二节　提供劳务收入 …………………………………………… 22

第15集　安装费收入应如何计算？………………………………… 22

第16集　广告费收入应如何计算？………………………………… 24

第17集　软件费收入应如何计算？………………………………… 26

第18集　技术服务费收入应如何计算？…………………………… 27

第19集　艺术表演收入应如何计算？……………………………… 29

第20集　会员费收入应如何计算？………………………………… 30

第21集　专利费收入应如何计算？………………………………… 31

第22集　劳务费收入应如何计算？………………………………… 32

第三节　转让财产收入 …………………………………………… 34

第23集　企业转让股权，何时确认收入的实现？………………… 34

第24集　企业转让国债取得转让收入，何时确认收入的实现？…… 35

第25集　企业购买国债成本应如何计算？………………………… 37

第26集　国债转让收益应如何计算？……………………………… 38

第27集　企业转让代个人持有的限售股，

　　　　　需要缴纳企业所得税吗？……………………………… 39

第28集　企业以专利权进行投资，何时确认非货币性资产

　　　　　转让收入的实现？……………………………………… 41

第四节　股息、红利等权益性投资收益 ………………………… 43

第29集　企业权益性投资取得红利，何时确认收入的实现？…… 43

第五节　利息收入 ………………………………………………… 45

第30集　将资金提供他人使用，何时确认利息收入的实现？…… 45

第31集　企业购买国债，何时确认利息收入的实现？…………… 46

第32集　企业转让国债取得利息收入，何时确认收入的实现？…… 47

第六节　租金收入 ·· 49

 第33集　企业将机器设备出租给他人使用，
    何时确认租金收入的实现？·················· 49

 第34集　企业一次性收取厂房租金，
    何时确认租金收入的实现？·················· 50

第七节　特许权使用费收入 ································ 53

 第35集　企业将专利权提供他人使用，何时确认
    专利使用费收入的实现？····················· 53

 第36集　企业将商标权提供他人使用，何时确认
    商标使用费收入的实现？····················· 54

第八节　接受捐赠收入 ······································ 56

 第37集　企业接受捐赠口罩，何时确认
    接受捐赠收入的实现？························ 56

第九节　其他收入 ··· 58

 第38集　仪器设备盘盈收入，要计入企业收入吗？·········· 58
 第39集　逾期未退包装物押金收入，要计入企业收入吗？··· 59
 第40集　企业无法偿付的应付款项，要计入企业收入吗？··· 60
 第41集　企业已作坏账损失处理后又收回的应收款项，
    要计入企业收入吗？··························· 61
 第42集　企业债务重组，何时确认收入的实现？············ 62
 第43集　企业收到稳岗补贴，要计入企业收入吗？·········· 63
 第44集　企业收到违约金，要计入企业收入吗？············ 64
 第45集　企业投资者取得行政和解金，
    需要缴纳企业所得税吗？····················· 65

3

第二章 视同销售收入 ··· 67

第一节 内部处置资产 ··· 67

第46集 企业将自产蘑菇加工为蘑菇罐头，
要视同销售确认收入吗？ ································· 67

第47集 企业将水化成生产用的冰块，
要视同销售确认收入吗？ ································· 68

第48集 企业将自产汽车自用，要视同销售确认收入吗？ ········· 69

第49集 总公司将机器设备转移给分公司，
要视同销售确认收入吗？ ································· 70

第二节 移送资产 ··· 72

第50集 企业将自产香肠用于市场推广，
要视同销售确认收入吗？ ································· 72

第51集 企业将自产香肠用于市场推广，
如何计算视同销售收入？ ································· 73

第52集 企业将外购水果用于交际应酬，
要视同销售确认收入吗？ ································· 74

第53集 企业将外购水果用于交际应酬，
如何确定视同销售收入？ ································· 75

第54集 企业将自产火腿用于职工福利，
要视同销售确认收入吗？ ································· 76

第55集 企业将自产茶叶用于股息分配，
要视同销售确认收入吗？ ································· 77

第56集 企业将自产食品用于对外捐赠，
要视同销售确认收入吗？ ································· 78

第三章 不征税收入 ... 80

第一节 符合不征税收入条件的财政性资金 ... 80

第57集 企业取得专项用途财政性资金，
可以作为不征税收入吗？ ... 80

第二节 应纳税的财政性资金 ... 82

第58集 不征税收入60个月内未发生支出且未缴回拨付部门，
需要缴纳企业所得税吗？ ... 82

第二篇 扣除篇

第四章 成本、费用、损失 ... 87

第一节 职工薪酬支出 ... 87

第59集 职工教育经费可以计入工资、薪金总额
在税前扣除吗？ ... 87

第60集 福利性补贴支出可以计入工资、薪金总额
在税前扣除吗？ ... 88

第61集 年度汇算清缴结束前支付汇缴年度工资、薪金，
可以在税前扣除吗？ ... 90

第62集 直接支付给劳务派遣公司的费用，作为工资、薪金
支出在税前扣除吗？ ... 91

第63集 雇用季节工所实际发生的费用，可以在税前扣除吗？ ... 92

第64集 雇用实习生所实际发生的费用，可以在税前扣除吗？ ... 94

第65集 股权激励支出，可以在税前扣除吗？ ... 95

第66集 防暑降温费可以计入职工福利费在税前扣除吗？ ... 97

第67集　安家费可以计入职工福利费在税前扣除吗？………… 98

第68集　工会经费代收凭据，可以作为税前扣除凭证吗？…… 99

第69集　工会经费可以全额在税前扣除吗？………………… 100

第70集　工程师继续教育费可以计入职工教育经费支出
在税前扣除吗？………………………………………… 101

第71集　软件生产企业职工培训费可以全额在税前扣除吗？…… 102

第72集　飞行训练费可以在税前扣除吗？………………………… 104

第73集　核电厂操纵员培养费可以在税前扣除吗？……………… 105

第74集　基本社会保险费可以在税前扣除吗？…………………… 106

第75集　补充养老保险费可以在税前扣除吗？…………………… 107

第76集　住房公积金可以在税前扣除吗？………………………… 109

第二节　广告费和业务宣传费 ………………………………… 111

第77集　医药制造企业广告费可以全额在税前扣除吗？………… 111

第三节　佣金和手续费支出 …………………………………… 113

第78集　手续费支出可以在税前扣除吗？………………………… 113

第79集　保险公司的佣金支出可以在税前扣除吗？……………… 115

第80集　保险经纪公司的佣金支出可以在税前扣除吗？………… 116

第81集　电信企业的佣金支出可以在税前扣除吗？……………… 117

第四节　保险费 ………………………………………………… 119

第82集　人身意外保险费可以在税前扣除吗？…………………… 119

第83集　厂房财产保险费可以在税前扣除吗？…………………… 121

第五节　业务招待费 …………………………………………… 122

第84集　计算业务招待费扣除限额时，销售收入
包括视同销售收入吗？………………………………… 122

第85集　从事股权投资业务的企业从被投资企业
所分配的股息、红利，可以作为计算业务招待费
扣除限额的基数吗？…………………………………… 123

第六节 环境保护、生态恢复专项资金 ································ 125

 第86集 计提环境保护专项资金可以在税前扣除吗？ ·········· 125

第七节 租赁费 ·· 127

 第87集 汽车租赁费可以在税前扣除吗？ ························ 127

第八节 劳动保护支出 ·· 129

 第88集 购买口罩支出可以在税前扣除吗？ ····················· 129

第九节 管理费 ·· 130

 第89集 企业之间支付的管理费，可以在税前扣除吗？ ······· 130

 第90集 农村信用社省级联合社收取的服务费
      可以在税前扣除吗？ ···································· 132

第十节 维简费、安全生产费 ······································· 134

 第91集 维简费支出可以在税前扣除吗？ ······················· 134

 第92集 安全生产费用可以在税前扣除吗？ ····················· 135

第十一节 财务费用 ··· 137

 第93集 银行借款利息支出可以在税前扣除吗？ ··············· 137

 第94集 向自然人股东借款的利息支出，可以在税前扣除吗？ ····· 138

 第95集 债券发行费用可以在税前扣除吗？ ····················· 140

 第96集 汇兑损失可以在税前扣除吗？ ·························· 141

第十二节 捐赠支出 ··· 143

 第97集 公益性捐赠可以在税前扣除吗？ ······················· 143

 第98集 新冠肺炎疫情防控捐赠支出可以在税前扣除吗？ ····· 144

 第99集 直接捐赠用于应对新冠肺炎疫情的口罩，
      可以在税前扣除吗？ ···································· 145

 第100集 对目标脱贫地区扶贫捐赠，可以在税前扣除吗？ ····· 146

第101集 注册资金捐赠人的捐赠，可以在税前扣除吗? ………… 147

第十三节 资产损失税前扣除 …………………………… 150

第102集 坏账损失可以在税前扣除吗? ………………… 150
第103集 原材料盘亏损失可以在税前扣除吗? ………… 152
第104集 车辆被盗损失可以在税前扣除吗? …………… 153
第105集 股权投资损失可以在税前扣除吗? …………… 155
第106集 贷款损失可以在税前扣除吗? ………………… 157

第十四节 免税收入、不征税收入所对应的成本费用 …… 159

第107集 国债利息收入所对应的成本费用
可以在税前扣除吗? ………………………… 159
第108集 不征税收入用于支出所形成的费用，
可以在企业所得税税前扣除吗? …………… 160
第109集 不征税收入用于研发活动所形成的费用，
可以加计扣除吗? …………………………… 161
第110集 不征税收入用于支出所形成的固定资产，
其计算的折旧可以在税前扣除吗? ………… 162

第十五节 应扣未扣支出 …………………………………… 164

第111集 应扣未扣交通费用，可以追补至该费用
发生年度税前扣除吗? ……………………… 164

第十六节 其他扣除项目 …………………………………… 166

第112集 棚户区改造支出可以在税前扣除吗? ………… 166
第113集 再保险业务赔款支出可以在税前扣除吗? …… 167
第114集 基础设施安全保护费可以在税前扣除吗? …… 169
第115集 工作服费用可以在税前扣除吗? ……………… 170
第116集 党组织工作经费支出可以税前扣除吗? ……… 171
第117集 行政事业性收费可以在税前扣除吗? ………… 172

第十七节　不能税前扣除的支出 ··· 174

第118集　股东分红可以在税前扣除吗？ ································ 174

第119集　企业所得税税款可以在税前扣除吗？ ··················· 175

第120集　税收滞纳金可以在税前扣除吗？ ···························· 176

第121集　环保罚款可以在税前扣除吗？ ································ 177

第122集　直接给学校的捐赠支出，可以在税前扣除吗？ ··· 178

第123集　非广告性质的赞助支出可以在税前扣除吗？ ······· 179

第124集　坏账准备可以在税前扣除吗？ ································ 181

第125集　列支关联公司的差旅费支出，可以在税前扣除吗？ ··· 182

第126集　交纳的行政和解金，可以在税前扣除吗？ ··········· 183

第十八节　税前扣除凭证 ··· 185

第127集　维修费的收款收据可以作为税前扣除凭证吗？ ··· 185

第128集　动车票可以作为税前扣除凭证吗？ ······················· 186

第129集　逾期交房违约金的收款收据可以作为
税前扣除凭证吗？ ··· 188

第130集　从境外进口石材取得的英文发票，
可以作为税前扣除凭证？ ·· 189

第131集　未填写购货方企业纳税人识别号的增值税普通发票，
可以作为税前扣除凭证吗？ ·· 190

第132集　法律顾问费分割单可以作为税前扣除凭证吗？ ··· 191

第133集　电费收据可以作为税前扣除凭证吗？ ··················· 192

第五章　资产的税务处理 ··· 194

第一节　存货的税务处理 ··· 194

第134集　通过支付现金方式采购原材料，计税成本如何确定？ ··· 194

第135集　接受捐赠原材料，计税成本如何确定？ ··············· 195

第二节　固定资产的税务处理 …… 197

第136集　租入汽车可以计提折旧在税前扣除吗？ …… 197
第137集　自建厂房未取得全额发票，可以计提折旧在税前扣除吗？ …… 198
第138集　办公楼推倒重置，计税成本如何确定？ …… 200

第三节　生产性生物资产的税务处理 …… 202

第139集　接受投资取得的经济林，计税基础如何确定？ …… 202

第四节　无形资产的税务处理 …… 204

第140集　自行研发的专利技术，计税基础如何确定？ …… 204
第141集　著作权开发支出已在计算应纳税所得额时扣除，可以再计算摊销费用在税前扣除吗？ …… 205

第五节　长期待摊费用的税务处理 …… 207

第142集　租入厂房装修费用可以在税前扣除吗？ …… 207
第143集　大修理支出可以在税前扣除吗？ …… 208
第144集　开办费可以在税前扣除吗？ …… 210
第145集　筹办期业务招待费，可以全额计入筹办费在税前扣除吗？ …… 212
第146集　筹办期广告费，可以全额计入筹办费在税前扣除吗？ …… 213

第六节　投资资产的税务处理 …… 214

第147集　转让长期股权投资的投资成本可以在税前扣除吗？ …… 214
第148集　资本公积转增股本，投资方企业可以增加长期投资的计税基础吗？ …… 215

第六章 亏损弥补 217

第一节 被投资企业亏损 217

第149集 合伙企业亏损可以抵减法人合伙人的盈利吗？......217

第150集 被投资企业亏损可以确认为投资方企业的投资损失吗？......218

第二节 延长亏损结转年限 220

第151集 高新技术企业可以延长亏损结转年限吗？......220

第152集 受新冠肺炎疫情影响较大的酒店2020年亏损，可以延长最长结转年限吗？......221

第153集 电影放映企业2020年亏损，最长结转年限可以延长吗？......224

第三节 亏损弥补其他规定 225

第154集 企业筹办期间可以计算为亏损年度吗？......225

第155集 研发费用加计扣除形成的亏损，可以用以后年度所得弥补吗？......226

第156集 查增的应纳税所得额，可以弥补亏损吗？......228

第三篇 税收优惠篇

第七章 免税、减计收入 233

第一节 免税债券利息收入 233

第157集 企业购买国债持有至到期取得的国债利息收入，可以免征企业所得税吗？......233

第158集 企业转让国债，其持有期间尚未兑付的国债利息收入可以免征企业所得税吗？ …… 234

第159集 国债转让收益可以免征企业所得税吗？ …… 236

第160集 地方政府债券利息收入，可以免征企业所得税吗？ …… 237

第二节 免税股息、红利 …… 239

第161集 居民企业之间的股息、红利，可以免征企业所得税吗？ …… 239

第162集 外国投资者从外商投资企业取得的利润，可以免征企业所得税吗？ …… 240

第163集 证券投资基金取得股息、红利，可以免征企业所得税吗？ …… 242

第三节 清洁基金免税收入 …… 244

第164集 中国清洁发展机制基金取得捐赠收入，可以免征企业所得税吗？ …… 244

第四节 非营利组织免税收入 …… 246

第165集 享受免税资格的公立医院取得捐赠收入，需要缴纳企业所得税吗？ …… 246

第166集 享受免税资格的基金会取得政府补助收入，需要缴纳企业所得税吗？ …… 247

第167集 享受免税资格的协会取得会费收入，需要缴纳企业所得税吗？ …… 248

第五节 减计收入 …… 250

第168集 资源综合利用收入，可以减计收入吗？ …… 250

第169集 种植业保费收入，可以减计收入吗？ …… 252

第170集 中国铁路建设债券利息收入，可以减计收入吗？ …… 254

第171集 社区家政服务收入，可以减计收入吗？ …… 255

第八章 加计扣除与加速折旧 ………………………………… 258

第一节 安置残疾人员支付工资加计扣除 …………………… 258

第172集 安置残疾人员所支付的工资,可以税前加计扣除吗? …… 258

第二节 研发费用加计扣除 ……………………………………… 261

第173集 研究开发费用税前加计扣除如何计算? ………………… 261

第174集 研发人员工资、社保和住房公积金,可以计入
税前加计扣除的研发费用吗? …………………………… 262

第175集 研发人员股权激励支出,可以计入税前加计
扣除的研发费用吗? ……………………………………… 264

第176集 研发仪器租赁费,可以计入税前加计扣除的
研发费用吗? ……………………………………………… 266

第177集 研发活动直接形成产品对外销售,研发费用中对应的
材料费用可以税前加计扣除吗? ………………………… 267

第178集 研发仪器加速折旧,折旧费用税前
加计扣除如何计算? ……………………………………… 268

第179集 研发软件加速摊销,摊销费用税前
加计扣除如何计算? ……………………………………… 270

第180集 新药研制的临床试验费,可以计入税前
加计扣除的研发费用吗? ………………………………… 271

第181集 税前加计扣除的与研发活动直接相关的其他费用,
应如何计算? ……………………………………………… 272

第182集 研发人员福利费,计入研发人员人工费用吗? ………… 274

第183集 取得政府补助直接冲减研发费用,税前加计
扣除的研发费用如何计算? ……………………………… 276

第184集 研发过程中形成下脚料收入,税前加计扣除的
研发费用如何计算? ……………………………………… 277

第185集　失败的研发活动所发生的研发费用，可以享受
　　　　税前加计扣除政策吗？ ……………………………… 278

第186集　受托方可以享受受托研发费用税前
　　　　加计扣除政策吗？ …………………………………… 279

第187集　委托境外研究开发费用可以税前加计扣除吗？ …… 281

第188集　商品批发行业适用税前加计扣除政策吗？ ………… 282

第三节　科技型中小企业 ……………………………………… 285

第189集　年销售收入超过2亿元，可以申请
　　　　入库科技型中小企业吗？ …………………………… 285

第四节　加速折旧 ……………………………………………… 287

第190集　化妆品制造企业购置机器设备，可以采取
　　　　加速折旧方法吗？ …………………………………… 287

第191集　集成电路生产企业生产设备，
　　　　可以缩短折旧年限吗？ ……………………………… 288

第192集　企业外购软件，可以缩短摊销年限吗？ …………… 290

第五节　固定资产一次性扣除 ………………………………… 291

第193集　新购入机器设备单价低于500万元，
　　　　可以一次性税前扣除吗？ …………………………… 291

第九章　项目所得减免 ………………………………………… 294

第一节　农、林、牧、渔业项目所得 ………………………… 294

第194集　水产品初加工所得，可以免征企业所得税吗？ …… 294

第195集　花卉种植所得，可以减半征收企业所得税吗？ …… 296

第二节　公共基础设施项目所得 ……………………………… 298

第196集　太阳能发电新建项目投资经营所得，
　　　　可以享受减免企业所得税优惠吗？ ………………… 298

第三节 环境保护、节能节水项目所得 ······ 301

　第197集 生活垃圾处理项目投资经营所得，可以享受
　　　　　减免企业所得税优惠吗？ ······ 301

第四节 技术转让所得 ······ 304

　第198集 计算机软件著作权转让所得，可以享受
　　　　　减免企业所得税优惠吗？ ······ 304

第五节 节能服务公司合同能源管理项目所得 ······ 307

　第199集 节能服务公司实施合同能源管理项目所得，
　　　　　可以享受减免企业所得税优惠吗？ ······ 307

第六节 清洁发展机制项目所得 ······ 309

　第200集 清洁发展机制项目所得，可以享受
　　　　　减免企业所得税优惠吗？ ······ 309

第十章 抵扣应纳税所得额 ······ 311

第一节 创投企业投资于未上市的中小高新技术企业 ······ 311

　第201集 公司制创业投资企业投资于未上市的中小高新
　　　　　技术企业，可以抵扣应纳税所得额吗？ ······ 311

　第202集 有限合伙制创业投资企业投资于未上市的中小高新
　　　　　技术企业，法人合伙人可以抵扣应纳税所得额吗？ ······ 315

第二节 创投企业投资于初创科技型企业 ······ 318

　第203集 公司制创业投资企业投资于初创科技型企业，
　　　　　可以抵扣应纳税所得额吗？ ······ 318

　第204集 有限合伙制创业投资企业投资于初创科技型企业，
　　　　　法人合伙人可以抵扣应纳税所得额吗？ ······ 320

第十一章 减免、抵免所得税 ········· 323

第一节 小型微利企业 ········· 323

第205集 小型微利企业可以享受减免企业所得税优惠吗? ······ 323

第二节 高新技术企业 ········· 326

第206集 高新技术企业可以享受减免企业所得税优惠吗? ······ 326

第三节 技术先进型服务企业 ········· 329

第207集 技术先进型服务企业可以享受减免企业所得税优惠吗? ········· 329

第四节 从事污染防治的第三方企业 ········· 332

第208集 从事污染防治的第三方企业可以享受减免企业所得税优惠吗? ········· 332

第五节 软件企业 ········· 334

第209集 软件企业可以享受减免企业所得税优惠吗? ········· 334

第六节 集成电路企业 ········· 337

第210集 集成电路设计企业可以享受减免企业所得税优惠吗? ········· 337

第211集 集成电路生产企业可以享受减免企业所得税优惠吗? ········· 340

第七节 动漫企业 ········· 343

第212集 动漫创作、制作企业可以享受减免企业所得税优惠吗? ········· 343

第八节　经营性文化事业单位转制为企业 ········· 345

 第213集　影剧院整体转制为企业，可以享受
    减免企业所得税优惠吗？ ············· 345

第九节　扶持创业就业 ······················· 348

 第214集　企业招用自主就业退役士兵，可以享受
    减免企业所得税优惠吗？ ············· 348

第十节　抵免所得税 ························· 352

 第215集　购置海上导航和无线电通信设备，
    可以抵免企业所得税吗？ ············· 352

第四篇　特殊项目篇

第十二章　特殊事项调整项目 ············· 357

第一节　企业重组 ··························· 357

 第216集　资产收购采用特殊性税务处理，转让企业取得受让
    企业股权的计税基础如何计算？ ········· 357

第二节　递延纳税事项 ······················· 360

 第217集　企业以设备对外投资所得，可以选择递延纳税吗？ ······ 360

第三节　政策性搬迁 ························· 363

 第218集　政策性搬迁期间新购置的机器设备支出，
    可以从搬迁收入中扣除吗？ ············ 363

第四节 特殊行业准备金 ... 366

第219集 银行抵押贷款资产余额，可计入准予税前提取贷款损失准备金的贷款资产余额吗？ ... 366

第220集 证券投资者保护基金可以在税前扣除吗？ ... 367

第221集 中小企业信用担保机构计提的担保赔偿准备，可以在税前扣除吗？ ... 369

第五节 房地产开发企业特定业务计算的纳税调整额 ... 371

第222集 房地产开发企业销售未完工开发产品，预计毛利额如何计算？ ... 371

第223集 房地产开发企业开发产品完工后，实际毛利额与其对应的预计毛利额之间的差额如何处理？ ... 372

第六节 合伙企业的法人合伙人应分得的应纳税所得额 ... 374

第224集 合伙企业的法人合伙人，如何确定企业所得税应纳税所得额？ ... 374

第七节 发行永续债利息支出 ... 376

第225集 发行永续债按照债券利息适用企业所得税政策，永续债利息支出可以税前扣除吗？ ... 376

第十三章 特别纳税调整所得项目 ... 378

第一节 特别纳税调整项目 ... 378

第226集 企业将设备无偿提供给关联方使用，需要作纳税调整吗？ ... 378

第二节 特别纳税调整期限 ... 381

第227集 企业将专利权无偿提供给关联方使用，主管税务机关纳税调整期限应如何确定？ ... 381

第五篇　汇算清缴篇

第十四章　企业所得税汇算清缴 ······ 385

第一节　企业所得税纳税地点 ······ 385

第228集　企业所得税纳税地点，应如何确定？ ······ 385

第二节　汇算清缴范围 ······ 386

第229集　新设立的企业，需要办理企业所得税年度汇算清缴吗？ ······ 386

第三节　汇算清缴时间 ······ 388

第230集　企业所得税年度汇算清缴时间，应如何确定？ ······ 388

第四节　应纳税所得额的计算 ······ 390

第231集　企业所得税应纳税所得额，应如何计算？ ······ 390

第五节　应纳税额的计算 ······ 392

第232集　企业所得税应纳税额，应如何计算？ ······ 392

第六节　总分支机构汇总申报纳税 ······ 394

第233集　分公司需要汇总缴纳企业所得税吗？ ······ 394

第六篇 其 他

第十五章 企业清算 …… 399

第一节 企业清算的纳税年度 …… 399

第234集 企业清算的纳税年度应如何确定？ …… 399

第二节 企业清算的申报管理 …… 402

第235集 企业清算所得税的纳税申报期限应如何确定？ …… 402

第十六章 非居民企业所得税 …… 404

第一节 非居民企业股息、红利所得 …… 404

第236集 非居民企业取得股息、红利，应纳税所得额如何计算？ …… 404

第二节 非居民企业财产转让所得 …… 407

第237集 非居民企业转让股权，应纳税所得额如何计算？ …… 407

第238集 非居民企业转让土地使用权，应纳税所得额如何计算？ …… 408

第三节 非居民企业特许权使用费所得 …… 410

第239集 非居民企业特许权使用费所得，可以享受减免企业所得税优惠吗？ …… 410

第一篇　收入篇

第一章 收入总额

第一节 销售货物收入

第 1 集
销售水果罐头采用托收承付方式,何时确认收入?

扫码看视频

A公司[①]2020年7月向B公司销售水果罐头,符合《国家税务总局关于确认企业所得税收入若干问题的通知》(国税函〔2008〕875号)第一条第(一)项规定的销售商品收入确认条件。A公司销售水果罐头采用托收承付方式,于2020年7月21日办妥了托收手续。

提问:林老师,A公司向B公司销售水果罐头,何时确认企业所得税收入?

林老师解答

A公司在2020年7月21日办妥托收手续时确认收入[②]。

◇ 政策依据

国家税务总局关于确认企业所得税收入若干问题的通知

2008年10月30日 国税函〔2008〕875号

一、……

[①] 本书各集案例(包括延伸案例),除另有说明,所列举的企业(公司)均为居民企业。
[②] 本书各集案例(包括延伸案例),除另有说明,收入均为《中华人民共和国企业所得税法》规定的收入。

（二）符合上款收入确认条件，采取下列商品销售方式的，应按以下规定确认收入实现时间：

1. 销售商品采用托收承付方式的，在办妥托收手续时确认收入。

划重点 消痛点

假设本案例中，A 公司销售水果罐头，2020 年 7 月 21 日办妥托收手续的销售额①为 100 万元，除此之外，2021 年 1 月 21 日办妥托收手续的销售额为 80 万元，则 A 公司在 2020 年 7 月 21 日办妥托收手续的 100 万元于 2020 年确认销售收入，2021 年 1 月 21 日办妥托收手续的 80 万元于 2021 年确认销售收入。

知识链接

1. 什么是居民企业？

《中华人民共和国企业所得税法》第二条第二款规定，居民企业，是指依法在中国境内成立，或者依照外国（地区）法律成立但实际管理机构在中国境内的企业。

2. 什么是非居民企业？

《中华人民共和国企业所得税法》第二条第三款规定，非居民企业，是指依照外国（地区）法律成立且实际管理机构不在中国境内，但在中

---

① 本书各集案例（包括延伸案例），除另有说明，销售额或销售收入（价格或价值）均为不含增值税销售额或销售收入（价格或价值）。

国境内设立机构、场所的,或者在中国境内未设立机构、场所,但有来源于中国境内所得的企业。

3. 什么是纳税年度?

《中华人民共和国企业所得税法》第五十三条第一款规定,企业所得税按纳税年度计算。纳税年度自公历1月1日起至12月31日止。

4. 什么是托收承付方式?

托收承付,是指根据购销合同,由收款人发货后托收银行向异地付款人收取款项,由付款单位向银行承认付款的一种结算方式。

第2集 销售电脑采取预收款方式,何时确认收入?

扫码看视频

C公司2020年7月向D公司销售电脑,符合《国家税务总局关于确认企业所得税收入若干问题的通知》(国税函〔2008〕875号)第一条第(一)项规定的销售商品收入确认条件。C公司销售电脑采用预收款方式,于2020年7月23日发货。

提问:林老师,C公司向D公司销售电脑,何时确认企业所得税收入?

林老师解答

C公司在2020年7月23日发出商品时确认收入。

◇ 政策依据

国家税务总局关于确认企业所得税收入若干问题的通知

2008年10月30日　国税函〔2008〕875号

一、……

（二）符合上款收入确认条件，采取下列商品销售方式的，应按以下规定确认收入实现时间：

……

2.销售商品采取预收款方式的，在发出商品时确认收入。

划重点　消痛点

本案例中，C公司确认销售收入，应注意以下两点：
（1）销售电脑采用预收款方式；
（2）所销售电脑已发货。

知识链接

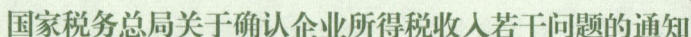

什么是销售商品确认收入条件？

国税函〔2008〕875号文件第一条第（一）项规定，企业销售商品同时满足下列条件的，应确认收入的实现：
（1）商品销售合同已经签订，企业已将商品所有权相关的主要风

险和报酬转移给购货方;

(2)企业对已售出的商品既没有保留通常与所有权相联系的继续管理权,也没有实施有效控制;

(3)收入的金额能够可靠地计量;

(4)已发生或将发生的销售方的成本能够可靠地核算。

第3集 销售需要安装和检验的机床,何时确认收入?

扫码看视频

E公司2020年7月向F公司销售一台机床,符合《国家税务总局关于确认企业所得税收入若干问题的通知》(国税函〔2008〕875号)第一条第(一)项规定的销售商品收入确认条件。E公司销售的这台机床需要安装和检验,F公司于2020年7月24日接受了这台机床,安装和检验于2020年8月18日完成。

提问: 林老师,E公司向F公司销售机床,何时确认企业所得税收入?

林老师解答

E公司在F公司接受机床并安装和检验完毕时即2020年8月18日确认收入。

◇ 政策依据

国家税务总局关于确认企业所得税收入若干问题的通知

2008年10月30日 国税函〔2008〕875号

一、……

（二）符合上款收入确认条件，采取下列商品销售方式的，应按以下规定确认收入实现时间：

……

3. 销售商品需要安装和检验的，在购买方接受商品以及安装和检验完毕时确认收入。如果安装程序比较简单，可在发出商品时确认收入。

划重点　消痛点

假定本案例中，E公司向F公司销售的机床安装程序比较简单，E公司于2020年7月24日发出了这台机床，则E公司在发出机床时即2020年7月24日确认收入。

知识链接

1. 什么是收入总额？

《中华人民共和国企业所得税法》第六条规定，企业以货币形式和非货币形式从各种来源取得的收入，为收入总额。包括：①销售货物收入；②提供劳务收入；③转让财产收入；④股息、红利等权益性投资收益；⑤利息收入；⑥租金收入；⑦特许权使用费收入；⑧接受捐赠收入；⑨其他收入。

2. 什么是销售货物收入？

《中华人民共和国企业所得税法实施条例》第十四条规定，销售货物收入，是指企业销售商品、产品、原材料、包装物、低值易耗品以及其他存货取得的收入。

第 4 集
采用支付手续费方式委托代销书籍，何时确认收入？

G公司2020年8月采用支付手续费方式委托H公司代销一批书籍，符合《国家税务总局关于确认企业所得税收入若干问题的通知》（国税函〔2008〕875号）第一条第（一）项规定的销售商品收入确认条件。G公司于2020年8月19日收到了该批书籍的代销清单。

提问：林老师，G公司采用支付手续费方式委托代销书籍，何时确认企业所得税收入？

林老师解答

G公司在2020年8月19日收到代销清单时确认收入。

◇ 政策依据

国家税务总局关于确认企业所得税收入若干问题的通知

2008年10月30日　国税函〔2008〕875号

一、……

（二）符合上款收入确认条件，采取下列商品销售方式的，应按以下规定确认收入实现时间：

……

4.销售商品采用支付手续费方式委托代销的，在收到代销清单时确认收入。

划重点　消痛点

假定本案例中，G公司于2020年8月1日发出书籍，可以在当天确认企业所得税收入吗？

不可以。应在收到代销清单时确认收入。

第5集

采用分期收款方式销售仪器，何时确认收入的实现？

T公司2020年8月采用分期收款方式向U公司销售一台仪器，双方签订的合同约定销售总价为90万元（不含增值税），U公司应于2020年8月18日、11月18日、2021年2月18日支付货款各30万元（不含增值税）。

提问：林老师，T公司销售仪器，何时确认企业所得税收入的实现？

林老师解答

该公司应于合同约定的收款日期，确认收入的实现，分别于2020年8月18日、11月18日、2021年2月18日确认销售收入各30万元。

◇ 政策依据

中华人民共和国企业所得税法实施条例

中华人民共和国国务院令第714号修订

第二十三条　企业的下列生产经营业务可以分期确认收入的实现：

第一章 收入总额

（一）以分期收款方式销售货物的，按照合同约定的收款日期确认收入的实现。

划重点　消痛点

《中华人民共和国增值税暂行条例实施细则》第三十八条第（三）项规定，分期收款方式销售货物，为书面合同约定的收款日期的当天，无书面合同的或者书面合同没有约定收款日期的，为货物发出的当天。由此可见，企业采用分期收款方式销售货物并签订书面合同的，增值税与企业所得税均以合同约定的收款日期确认收入的实现。

第 6 集

采用产品分成方式取得的收入，何时确认收入的实现？

W 公司与 X 公司合作生产服装加工设备一批，共生产设备 100 台，2020 年 9 月 30 日按照协议约定 W 公司分得 60 台，X 公司分得 40 台。

提问：林老师，W 公司采取产品分成方式取得收入，何时确认企业所得税收入的实现？

林老师解答

该公司应于分得产品的日期即 2020 年 9 月 30 日，确认收入的实现。

◇ 政策依据

中华人民共和国企业所得税法实施条例

中华人民共和国国务院令第 714 号修订

第二十四条 采取产品分成方式取得收入的，按照企业分得产品的日期确认收入的实现，其收入额按照产品的公允价值确定。

划重点 消痛点

假定本案例中，W 公司分得 60 台服装加工设备，账面价值为 100 万元、公允价值为 120 万元，W 公司在计算申报企业所得税时，其收入额应如何确定？应按照分得产品的公允价值 120 万元确认为收入额。

第 7 集

采用售后回购方式取得的销售收入应如何计算？

扫码看视频

甲公司 2020 年 4 月与乙公司签订产品售后回购合同，甲公司向乙公司销售产品，销售价格 200 万元，符合销售收入确认条件；合同约定 4 个月后向乙公司按 210 万元购回。

提问：林老师，甲公司在确认企业所得税收入时，采用售后回购方式取得的销售收入要如何计算？

林老师解答

甲公司销售产品时，销售收入按照 200 万元确认；购回产品时，计税成本为 210 万元。

第一章 收入总额

◇ 政策依据

国家税务总局关于确认企业所得税收入若干问题的通知

2008 年 10 月 30 日　国税函〔2008〕875 号

一、……

（三）采用售后回购方式销售商品的，销售的商品按售价确认收入，回购的商品作为购进商品处理。有证据表明不符合销售收入确认条件的，如以销售商品方式进行融资，收到的款项应确认为负债，回购价格大于原售价的，差额应在回购期间确认为利息费用。

划重点　消痛点

假定本案例中，甲公司以销售商品方式进行融资，则甲公司收到的款项应确认为负债，回购价格 210 万元大于原售价 200 万元的差额 10 万元在回购期间确认为利息费用。

第 8 集　采用以旧换新销售模式取得的收入应如何计算？

丙公司 2020 年 4 月与丁公司签订产品以旧换新合同，丙公司以旧家具向乙公司换取新家具，旧家具的公允价格为 20 万元，新家具的公允价格为 60 万元，丙公司向丁公司支付差价 40 万元。

提问：林老师，丙公司在确认企业所得税收入时，以旧换新销售收入要如何计算？

扫码看视频

> **林老师解答**

丙公司以旧换新销售收入按照 20 万元确认，回收的新家具作为购进商品处理，计税成本为 60 万元。

◇ 政策依据

国家税务总局关于确认企业所得税收入若干问题的通知

2008 年 10 月 30 日　国税函〔2008〕875 号

一、……

（四）销售商品以旧换新的，销售商品应当按照销售商品收入确认条件确认收入，回收的商品作为购进商品处理。

> **划重点　消痛点**

本案例中，丙公司采用以旧换新销售模式，在计算申报企业所得税时，应分解为销售旧家具和采购新家具两笔经济业务。

第 9 集
融资性售后回租取得收入应确认销售收入吗？

戊公司 2020 年 8 月与己公司签订融资性售后回租合同，合同约定，戊公司将价值 240 万元的设备出售给己公司，己公司再将该标的物回租给戊公司，租期 10 年，每月固定收取租金 2.4 万元。

提问：林老师，戊公司在确认企业所得税收入时，融资性售后回租取得收入应确认销售收入吗？

第一章 收入总额

林老师解答

戊公司出售设备的行为,不确认为销售收入。

◇ 政策依据

国家税务总局关于融资性售后回租业务中承租方出售资产行为有关税收问题的公告

2010年9月8日 国家税务总局公告2010年第13号

二、根据现行企业所得税法及有关收入确定规定,融资性售后回租业务中,承租人出售资产的行为,不确认为销售收入,对融资性租赁的资产,仍按承租人出售前原账面价值作为计税基础计提折旧。租赁期间,承租人支付的属于融资利息的部分,作为企业财务费用在税前扣除。

划重点 消痛点

本案例中,戊公司出售设备,在计算申报企业所得税时,该设备的所有权以及与其所有权有关的全部报酬和风险并未完全转移给己公司,因此不能确认销售收入。

知识链接

什么是融资性售后回租?

国家税务总局公告2010年第13号规定,融资性售后回租业务是指承租方以融资为目的将资产出售给经批准从事融资租赁业务的企业后,又将该项资产从该融资租赁企业租回的行为。

第 10 集
销售商品给予商业折扣时应如何确认收入？

A 公司销售饼干，售价每盒 40 元，为了促销，规定消费者一次性买 5 盒以上（含 5 盒）打 9 折。2020 年 8 月张女士向该公司一次性购买 5 盒饼干，支付了 180 元。

提问：林老师，A 公司在确认企业所得税收入时，销售收入应如何计算？

林老师解答

A 公司按照扣除商业折扣后的金额 180 元确认为销售收入。

◇ 政策依据

国家税务总局关于确认企业所得税收入若干问题的通知

2008 年 10 月 30 日　国税函〔2008〕875 号

一、……

（五）企业为促进商品销售而在商品价格上给予的价格扣除属于商业折扣，商品销售涉及商业折扣的，应当按照扣除商业折扣后的金额确定销售商品收入金额。

划重点　消痛点

本案例中，A 公司在计算申报企业所得税时，销售收入按照扣除商业折扣后的金额 180 元确认，商业折扣 20 元不能再作为成本费用扣除；也就是说，销售收入的确认按照"净额法"，不能按照"总额法"。

第 11 集
销售商品给予现金折扣时应如何确认收入？

B 公司 2020 年 7 月向 C 超市销售鞋子，总价 5 万元，合同约定 10 月付款。2020 年 8 月，B 公司为了提早收到货款，与 C 超市协商，给予其现金折扣 0.1 万元，实际收到货款 4.9 万元。

提问：林老师，B 公司在确认企业所得税收入时，销售收入应如何计算？

林老师解答

B 公司按照扣除现金折扣前的金额 5 万元确认为销售收入，现金折扣 0.1 万元作为财务费用扣除。

◇ 政策依据

国家税务总局关于确认企业所得税收入若干问题的通知

2008 年 10 月 30 日　国税函〔2008〕875 号

一、……

（五）……

债权人为鼓励债务人在规定的期限内付款而向债务人提供的债务扣除属于现金折扣，销售商品涉及现金折扣的，应当按扣除现金折扣前的金额确定销售商品收入金额，现金折扣在实际发生时作为财务费用扣除。

划重点　消痛点

本案例中，B公司在计算申报企业所得税时，销售收入不能按照实际收到的货款4.9万元确认，即不能按照"净额法"，应按照"总额法"确认收入。

第12集

发生销售折让时应如何确认收入？

D公司2020年8月向E公司销售服装，售价20万元。E公司验收时发现部分服装质量不合格，经双方协商，售价减让2万元。

提问：林老师，D公司向E公司销售服装，在确认企业所得税收入时，销售收入应如何计算？

林老师解答

D公司向E公司销售服装，满足收入确认条件时，按20万元确认收入。经确认销售折让时，在销售折让2万元发生当期，冲减当期销售收入。

◇ 政策依据

国家税务总局关于确认企业所得税收入若干问题的通知

2008年10月30日　国税函〔2008〕875号

一、……

（五）……

第一章 收入总额

> 企业因售出商品的质量不合格等原因而在售价上给的减让属于销售折让；企业因售出商品质量、品种不符合要求等原因而发生的退货属于销售退回。企业已经确认销售收入的售出商品发生销售折让和销售退回，应当在发生当期冲减当期销售商品收入。

划重点　消痛点

通过本案例与前述第11集案例的学习，应重点掌握企业在计算申报企业所得税时，销售折让与现金折扣处理存在以下差异：

（1）销售折让在实际发生时，冲减当期销售收入；

（2）现金折扣在实际发生时，作为财务费用扣除。

第13集　采用买一赠一方式销售商品时应如何确认收入？

扫码看视频

F商场2020年7月开展促销活动，电饭煲单价90元，规定顾客买电饭煲1个，赠送碗筷套装1份。电饭煲、碗筷套装市场价格分别为90元、10元。该商场当月销售电饭煲1000个。

提问：林老师，F商场确认企业所得税收入时，销售收入应如何计算？

林老师解答

F商场将总的销售金额按电饭煲、碗筷套装的公允价值的比例来分摊确认销售收入：

19

（1）电饭煲销售收入 =1000×90×［90÷（90+10）］=81000（元）
（2）碗筷套装销售收入 =1000×90×［10÷（90+10）］=9000（元）

◇ 政策依据

国家税务总局关于确认企业所得税收入若干问题的通知

2008 年 10 月 30 日　　国税函〔2008〕875 号

三、企业以买一赠一等方式组合销售本企业商品的，不属于捐赠，应将总的销售金额按各项商品的公允价值的比例来分摊确认各项的销售收入。

划重点　消痛点

本案例中，F 商场以买一赠一方式组合销售电饭煲、碗筷套装，在计算申报企业所得税时，应掌握以下三点：

（1）赠送碗筷套装不需要视同销售；

（2）电饭煲销售收入 81000 元和碗筷套装销售收入 9000 元的合计数为 90000 元，销售总收入不变；

（3）电饭煲销售收入 81000 元和碗筷套装销售收入 9000 元，系按电饭煲、碗筷套装的公允价值的比例来计算分摊。

第 14 集

受托加工制造大型船舶，如何确认销售收入？

V 公司 2019 年 8 月受托加工制造一艘大型船舶，制造时间预计 3 年，合同约定销售总价为 5000 万元，截至 2019 年 12 月 31 日，完工进度为 20%。

提问：林老师，V 公司在确认 2019 年度企业所得税收入时，应如何计算？

第一章 收入总额

林老师解答

该公司受托加工制造大型船舶，持续时间超过12个月，按照纳税年度内完工进度确认收入的实现，其中：

2019年度受托加工制造船舶收入

= 合同约定销售总价 × 完工进度 − 以前纳税年度累计已确认受托加工制造船舶收入

= 5000 × 20% − 0

= 1000（万元）

◇ 政策依据

中华人民共和国企业所得税法实施条例

中华人民共和国国务院令第714号修订

第二十三条　企业的下列生产经营业务可以分期确认收入的实现：

……

（二）企业受托加工制造大型机械设备、船舶、飞机，以及从事建筑、安装、装配工程业务或者提供其他劳务等，持续时间超过12个月的，按照纳税年度内完工进度或者完成的工作量确认收入的实现。

划重点　消痛点

假定本案例中，V公司2019年收到加工制造船舶款项800万元，可以按照收到的款项800万元确认为2019年受托加工制造船舶收入吗？

不可以！应按照2019年完工进度确认收入1000万元。

第二节　提供劳务收入

第 15 集

安装费收入应如何计算？

2019 年 11 月，A 公司为 B 公司提供设备安装服务，该设备是 B 公司 2019 年 11 月向 C 公司购入。A 公司与 B 公司签订的安装服务合同约定安装费总价为 20 万元，截至 2019 年 12 月 31 日，安装完工进度为 60%。

提问：林老师，A 公司在确认企业所得税收入时，2019 年度为 B 公司提供设备安装服务收入，应如何计算？

林老师解答

A 公司应根据安装完工进度确认收入。

A 公司 2019 年度为 B 公司提供设备安装服务收入
= 安装服务收入总额 × 安装完工进度 − 以前纳税年度累计已确认安装服务收入
= 20 × 60% − 0
= 12（万元）

◇ 政策依据

国家税务总局关于确认企业所得税收入若干问题的通知

2008 年 10 月 30 日　国税函〔2008〕875 号

二、……

（三）企业应按照从接受劳务方已收或应收的合同或协议价款确定劳务收入总额，根据纳税期末提供劳务收入总额乘以完工进度扣除以前纳税年度累计已确认提供劳务收入后的金额，确认为当期劳务收入；同时，按照提供劳务估计总成本乘以完工进度扣除以前纳税期间累计已确认劳务成本后的金额，结转为当期劳务成本。

（四）下列提供劳务满足收入确认条件的，应按规定确认收入：

1. 安装费。应根据安装完工进度确认收入。安装工作是商品销售附带条件的，安装费在确认商品销售实现时确认收入。

划重点　消痛点

假定本案例中，截至 2020 年 12 月 31 日，安装完工进度为 90%，A 公司和 B 公司协商确定安装费总价调整为 22 万元，则：

A 公司 2020 年度为 B 公司提供设备安装服务收入

= 安装服务收入总额 × 安装完工进度 − 以前纳税年度累计已确认安装服务收入

= 22 × 90% − 12

= 7.8（万元）

知识链接

1. 什么是提供劳务收入？

《中华人民共和国企业所得税法实施条例》第十五条规定，提供劳务收入，是指企业从事建筑安装、修理修配、交通运输、仓储租赁、金融保险、邮电通信、咨询经纪、文化体育、科学研究、技术服务、教育培训、餐饮住宿、中介代理、卫生保健、社区服务、旅游、娱乐、加工以及其他劳务服务活动取得的收入。

2.什么是提供劳务交易的结果能够可靠估计？

国税函〔2008〕875号文件第二条第（一）项规定，提供劳务交易的结果能够可靠估计，是指同时满足下列条件：（1）收入的金额能够可靠地计量；（2）交易的完工进度能够可靠地确定；（3）交易中已发生和将发生的成本能够可靠地核算。

3.提供劳务完工进度应如何确定？

国税函〔2008〕875号文件第二条第（二）项规定，企业提供劳务完工进度的确定，可选用下列方法：（1）已完工作的测量；（2）已提供劳务占劳务总量的比例；（3）发生成本占总成本的比例。

第16集 广告费收入应如何计算？

2020年7月，D公司为客户提供电视广告服务，合同约定广告费总价为30万元，该广告已于当月在电视台投放完毕。

提问：林老师，D公司在确认企业所得税收入时，2020年7月为该客户提供的电视广告费收入，应如何计算？

林老师解答

D 公司已于 2020 年 7 月在电视台投放广告完毕,因此按照广告费总价 30 万元,确认为当月广告费收入。

◇ 政策依据

国家税务总局关于确认企业所得税收入若干问题的通知

2008 年 10 月 30 日　国税函〔2008〕875 号

二、……

(四)下列提供劳务满足收入确认条件的,应按规定确认收入:

……

2. 宣传媒介的收费。应在相关的广告或商业行为出现于公众面前时确认收入。……

划重点　消痛点

假定本案例中,D 公司为客户提供广告制作服务,可以在相关广告投放完毕后确认收入吗?

不可以。应根据制作广告的完工进度确认收入。

第 17 集

软件费收入应如何计算？

2019 年 7 月，E 公司为客户开发定制的管理软件，合同约定软件开发费收入总价为 100 万元，截至 2019 年 12 月 31 日，开发完工进度为 70%。

提问：林老师，E 公司在确认企业所得税收入时，2019 年度为该客户开发软件费收入，应如何计算？

林老师解答

E 公司应根据开发完工进度确认收入。

该公司 2019 年为客户开发软件费收入
= 软件开发费收入总额 × 软件完工进度 − 以前纳税年度累计已确认软件开发费收入
= 100 × 70% − 0
= 70（万元）

◇ 政策依据

国家税务总局关于确认企业所得税收入若干问题的通知

2008 年 10 月 30 日　国税函〔2008〕875 号

二、……

（四）下列提供劳务满足收入确认条件的，应按规定确认收入：

……

3. 软件费。为特定客户开发软件的收费，应根据开发的完工进度确认收入。

第一章 收入总额

划重点 消痛点

假定本案例中，E 公司为客户开发软件，截至 2019 年 12 月 31 日的开发完工进度为 100%，则 2019 年应确认软件费收入为 100 万元，也就是说，该公司在同一纳税年度内开始并完成的软件开发项目，在提供劳务交易完成时确认收入。

第 18 集 技术服务费收入应如何计算？

2019 年 10 月，F 公司销售产品给客户的同时提供技术服务费，合同约定总价为 200 万元，其中产品销售额 170 万元、技术服务费 30 万元，技术服务期间从 2019 年 10 月至 2020 年 6 月共 9 个月。

提问：林老师，F 公司在确认企业所得税收入时，技术服务费收入应如何计算？

林老师解答

F 公司在提供服务的期间分期确认收入：

（1）该公司 2019 年 10 月至 12 月技术服务费收入
= 技术服务费收入总额 ×（2019 年技术服务月份数 ÷ 技术服务总月份数）
= 30 ×（3 ÷ 9）= 10（万元）

（2）该公司2020年1月至6月技术服务费收入

＝技术服务费收入总额×（2020年技术服务月份数÷技术服务总月份数）

＝30×（6÷9）＝20（万元）

◇ 政策依据

国家税务总局关于确认企业所得税收入若干问题的通知

2008年10月30日　国税函〔2008〕875号

二、……

（四）下列提供劳务满足收入确认条件的，应按规定确认收入：

……

4.服务费。包含在商品售价内可区分的服务费，在提供服务的期间分期确认收入。

划重点　消痛点

本案例中，F公司销售产品给客户的同时提供技术服务费，在计算申报企业所得税时，收入确认应掌握以下三点：

（1）技术服务费30万元包含在合同总价200万元内；

（2）技术服务费30万元可区分计算；

（3）技术服务费30万元在技术服务期间（2019年10月至2020年6月）分期确认收入。

第 19 集 艺术表演收入应如何计算？

2020 年 8 月，G 公司举办表演，取得收入 100 万元。

提问：林老师，G 公司在确认企业所得税收入时，艺术表演收入应如何计算？

林老师解答

该公司已于 2020 年 8 月举办表演活动，因此按照取得收入 100 万元，确认为当月艺术表演收入。

◇ 政策依据

国家税务总局关于确认企业所得税收入若干问题的通知

2008 年 10 月 30 日　国税函〔2008〕875 号

二、……

（四）下列提供劳务满足收入确认条件的，应按规定确认收入：

……

5.艺术表演、招待宴会和其他特殊活动的收费。在相关活动发生时确认收入。收费涉及几项活动的，预收的款项应合理分配给每项活动，分别确认收入。

划重点　消痛点

假定本案例中，G 公司举办表演活动的同时还举办招待宴会，取得的收入（100万元）中，表演和招待宴会两项活动的收入分别占80%、20%，则：

（1）表演收入 = 100 × 80% = 80（万元）

（2）招待宴会收入 = 100 × 20% = 20（万元）

第20集 会员费收入应如何计算？

2020年8月，H公司向会员收取会员费20万元，加入会员只取得会籍，H公司提供服务时要另行收费。

提问：林老师，H公司在确认企业所得税收入时，会员费收入应如何计算？

林老师解答

该公司加入会员只取得会籍，提供服务时要另行收费，因此，按照取得的会员费20万元，确认为当月会员费收入。

◇ 政策依据

国家税务总局关于确认企业所得税收入若干问题的通知

2008年10月30日　国税函〔2008〕875号

二、……

（四）下列提供劳务满足收入确认条件的，应按规定确认收入：

……

6.会员费。申请入会或加入会员，只允许取得会籍，所有其他服务或商品都要另行收费的，在取得该会员费时确认收入。……

第一章　收入总额

划重点　消痛点

假定本案例中，H公司向甲会员收取会员费12万元，会员期3年。甲会员申请入会后，在会员期内不再付费就可得到H公司提供的各种服务，则H公司取得的该会员费收入12万元，应在受益期内（3年）分期确认企业所得税收入。

第21集　专利费收入应如何计算？

2020年8月，I公司向客户销售设备，同时收取设备专利权使用费30万元，该公司当月向客户移交了设备。

提问：林老师，I公司在确认企业所得税收入时，专利费收入应如何计算？

林老师解答

该公司2020年8月向客户移交了设备，因此，按照取得设备专利权使用费30万元，确认为当月专利费收入。

◇ 政策依据

国家税务总局关于确认企业所得税收入若干问题的通知

2008年10月30日　国税函〔2008〕875号

二、……

（四）下列提供劳务满足收入确认条件的，应按规定确认收入：

……

7.特许权费。属于提供设备和其他有形资产的特许权费,在交付资产或转移资产所有权时确认收入;……

划重点　消痛点

假定本案例中,I公司向客户移交设备后,于2021年1月向客户提供后续服务时,另外收取专利权使用费1万元,则I公司计算申报企业所得税时,在提供服务时(2021年1月)确认专利费收入1万元。

第22集

劳务费收入应如何计算?

J公司长期向客户提供产品包装劳务。2020年8月该公司向客户提供包装劳务,该月劳务费50万元在当月收讫。

提问:林老师,J公司在确认企业所得税收入时,劳务费收入应如何计算?

林老师解答

该公司长期为客户提供重复的劳务,2020年8月已发生相关劳务活动。因此,J公司2020年8月按照劳务费50万元,确认为当月劳务费收入。

第一章 收入总额

◇ 政策依据

国家税务总局关于确认企业所得税收入若干问题的通知

2008年10月30日　国税函〔2008〕875号

二、……

（四）下列提供劳务满足收入确认条件的，应按规定确认收入：

……

8.劳务费。长期为客户提供重复的劳务收取的劳务费，在相关劳务活动发生时确认收入。

划重点　消痛点

本案例中，J公司提供产品包装劳务收入，在计算申报企业所得税时，应掌握以下两点：

（1）该劳务长期向客户重复提供；

（2）在发生相关劳务活动时确认收入。

第三节　转让财产收入

第 23 集

企业转让股权，何时确认收入的实现？

2020 年 9 月 1 日甲公司与乙公司签订了《股权转让协议》，约定将甲公司持有的 AB 有限公司 20% 股权转让给乙公司，该协议于当日生效；随后于 2020 年 9 月 8 日办妥了股权变更手续。

提问：林老师，甲公司转让股权，何时确认企业所得税收入的实现？

林老师解答

该公司应于股权转让协议生效、且完成股权变更手续时即 2020 年 9 月 8 日，确认收入的实现。

◇ 政策依据

**国家税务总局关于贯彻落实企业所得税法
若干税收问题的通知**

2010 年 2 月 22 日　国税函〔2010〕79 号

三、关于股权转让所得确认和计算问题

企业转让股权收入，应于转让协议生效、且完成股权变更手续时，确认收入的实现。转让股权收入扣除为取得该股权所发生的成本后，为股权转让所得。企业在计算股权转让所得时，不得扣除被投资企业未分配利润等股东留存收益中按该项股权所可能分配的金额。

划重点 消痛点

假定本案例中,甲公司转让股权收入为1000万元,取得该股权所发生的成本为700万元,甲公司股权转让时按照规定支付的有关税费为零,则:

股权转让所得 = 转让股权收入 – 取得该股权所发生的成本 = 1000 – 700 = 300(万元)

知识链接

什么是转让财产收入?

《中华人民共和国企业所得税法实施条例》第十六条规定,转让财产收入,是指企业转让固定资产、生物资产、无形资产、股权、债权等财产取得的收入。

第24集

企业转让国债取得转让收入,何时确认收入的实现?

扫码看视频

戊公司2020年6月9日购买记账式附息国债,支付的买入价为1020万元、相关税费为1万元。该国债起息日为2020年4月9日,按年付息,5年到期偿还本金并支付最后一次利息。

戊公司2020年9月9日将上述购买的国债转让,并于当日办妥了交易过户手续。戊公司取得转让价款1030万元(包含国债转让收入1025万元和持有期间尚未兑付的国债利息收入5万元),支付相关税费1.3万元。

提问：林老师，该公司取得的国债转让收入，何时确认企业所得税收入的实现？

林老师解答

该公司应以国债交易过户手续时即2020年9月9日，确认国债转让收入的实现。

◇ 政策依据

国家税务总局关于企业国债投资业务企业所得税处理问题的公告

2011年6月22日　国家税务总局公告2011年第36号

二、关于国债转让收入税务处理问题

（一）国债转让收入时间确认

1.企业转让国债应在转让国债合同、协议生效的日期，或者国债移交时确认转让收入的实现。

划重点　消痛点

本案例中，戊公司国债转让收入，应一次性计入确认收入的年度（2020年）计算缴纳企业所得税。

第一章 收入总额

第 25 集 企业购买国债成本应如何计算？

接前述第 24 集案例。

提问：林老师，该公司购买国债成本，应如何计算？

林老师解答

该公司通过支付现金方式取得国债，应以买入价 1020 万元和支付的相关税费 1 万元的合计数 1021 万元，确认为国债成本。

◇ 政策依据

国家税务总局关于企业国债投资业务企业所得税处理问题的公告

2011 年 6 月 22 日　国家税务总局公告 2011 年第 36 号

三、关于国债成本确定问题

（一）通过支付现金方式取得的国债，以买入价和支付的相关税费为成本。

划重点　消痛点

假定本案例中，戊公司以设备换取国债，该设备的公允价值为 1000 万元、支付相关税费 16 万元，则应以设备的公允价值为 1000 万元和支付的相关税费 16 万元的合计数 1016 万元，确认为国债成本。

37

第 26 集

国债转让收益应如何计算？

接前述第 24 集、第 25 集案例。

提问：林老师，该公司转让国债收益应如何计算？

林老师解答

该公司转让国债收益计算如下：

国债转让收益
= 转让国债取得的价款 – 购买国债成本 – 持有期间尚未兑付的国债利息收入 – 交易过程中相关税费
= 1030 –（1020 + 1）– 5 – 1.3
= 2.7（万元）

◇ **政策依据**

国家税务总局关于企业国债投资业务企业所得税处理问题的公告

2011 年 6 月 22 日　国家税务总局公告 2011 年第 36 号

一、关于国债利息收入税务处理问题

……

（二）国债利息收入计算

企业到期前转让国债、或者从非发行者投资购买的国债，其持有期间尚未兑付的国债利息收入，按以下公式计算确定：

国债利息收入 = 国债金额 ×（适用年利率 ÷ 365）× 持有天数

上述公式中的"国债金额"，按国债发行面值或发行价格确定；"适用年利率"按国债票面年利率或折合年收益率确定；如企业不同时间多次购买同一品种国债的,"持有天数"可按平均持有天数计算确定。

......

二、关于国债转让收入税务处理问题

......

(二)国债转让收益(损失)计算

企业转让或到期兑付国债取得的价款,减除其购买国债成本,并扣除其持有期间按照本公告第一条计算的国债利息收入以及交易过程中相关税费后的余额,为企业转让国债收益(损失)。

划重点 消痛点

在计算国债转让收益时,应重点关注转让国债取得的价款、购买国债成本、持有期间尚未兑付的国债利息收入、交易过程中相关税费这4个关键数值。

第27集 企业转让代个人持有的限售股,需要缴纳企业所得税吗?

扫码看视频

E公司代个人持有的上市公司限售股(以下简称限售股)20万股,每股原值1元,是因股权分置改革造成原由个人出资而由E公司代持有。

E公司2019年8月将上述限售股转让,售价每股3元,支付相关税费2000元。

提问:林老师,该公司转让代个人持有的限售股,需要缴纳企业所得税吗?

林老师解答

该公司限售股转让收入扣除限售股原值和合理税费后的余额为该限售股转让所得，计入当年度企业所得税的应纳税所得额，申报缴纳企业所得税。

◇ 政策依据

国家税务总局关于企业转让上市公司限售股有关所得税问题的公告

2011年7月7日　国家税务总局公告2011年第39号

二、企业转让代个人持有的限售股征税问题

因股权分置改革造成原由个人出资而由企业代持有的限售股，企业在转让时按以下规定处理：

（一）企业转让上述限售股取得的收入，应作为企业应税收入计算纳税。

上述限售股转让收入扣除限售股原值和合理税费后的余额为该限售股转让所得。企业未能提供完整、真实的限售股原值凭证，不能准确计算该限售股原值的，主管税务机关一律按该限售股转让收入的15%，核定为该限售股原值和合理税费。

划重点　消痛点

本案例中，E公司完成纳税义务后，将限售股转让收入余额转付给实际所有人时不再纳税。

第 28 集
企业以专利权进行投资，何时确认非货币性资产转让收入的实现？

U 公司 2020 年 7 月以专利权对外投资设立 W 公司，评估后的公允价值为 200 万元。投资人于 2020 年 7 月 8 日签订《W 公司投资协议》，并于当日生效，随后于 7 月 16 日办妥股权登记手续。

U 公司以专利权对外投资，不符合《财政部 国家税务总局关于企业重组业务企业所得税处理若干问题的通知》（财税〔2009〕59 号）等文件规定的特殊性税务处理条件。

提问：林老师，该公司以专利权对外投资，在计算缴纳企业所得税时，何时确认非货币性资产转让收入的实现？

林老师解答

该公司以专利权对外投资，应于《W 公司投资协议》生效并办理股权登记手续日即 2020 年 7 月 16 日，确认专利权转让收入的实现。

◇ 政策依据

财政部 国家税务总局关于非货币性资产投资企业所得税政策问题的通知

2014 年 12 月 31 日 财税〔2014〕116 号

二、企业以非货币性资产对外投资，应对非货币性资产进行评估并按评估后的公允价值扣除计税基础后的余额，计算确认非货币性资产转让所得。

> 企业以非货币性资产对外投资，应于投资协议生效并办理股权登记手续时，确认非货币性资产转让收入的实现。

划重点 消痛点

本案例中，U公司以专利权对外投资确认的转让所得，可在不超过5年期限内，分期均匀计入相应年度的应纳税所得额，按规定计算缴纳企业所得税。假定U公司2023年2月转让上述股权，由于对外投资未满5年，应停止执行递延纳税政策，并就递延期内尚未确认的非货币性资产转让所得，在转让股权当年的企业所得税年度汇算清缴时，一次性计算缴纳企业所得税。

第四节　股息、红利等权益性投资收益

第 29 集　企业权益性投资取得红利，何时确认收入的实现？

2015年1月丙公司以现金500万元投资于C有限公司，占C有限公司10%股权。C有限公司于2020年8月28日召开股东会并作出分红决议，向全体股东按照持股比例分配税后利润80万元，该决议于当日生效；随后于2020年9月2日按照股东会决议的规定，用现金向全体股东支付了股利，丙公司取得分红8万元。

提问：林老师，丙公司取得红利，何时确认企业所得税收入的实现？

林老师解答

该公司应以被投资企业C有限公司股东会作出利润分配决定的日期即2020年8月28日，确认收入的实现。

◇政策依据

国家税务总局关于贯彻落实企业所得税法若干税收问题的通知

2010年2月22日　国税函〔2010〕79号

四、关于股息、红利等权益性投资收益收入确认问题

企业权益性投资取得股息、红利等收入，应以被投资企业股东会或股东大会作出利润分配或转股决定的日期，确定收入的实现。

> **划重点　消痛点**

本案例中，丙公司不能以实际取得分红的日期 2020 年 9 月 2 日确认收入的实现，这不符合权责发生制的要求。

知识链接

1. 什么是权责发生制？

《中华人民共和国企业所得税法实施条例》第九条规定，企业应纳税所得额的计算，以权责发生制为原则，属于当期的收入和费用，不论款项是否收付，均作为当期的收入和费用；不属于当期的收入和费用，即使款项已经在当期收付，均不作为当期的收入和费用。本条例和国务院财政、税务主管部门另有规定的除外。

2. 什么是股息、红利等权益性投资收益？

《中华人民共和国企业所得税法实施条例》第十七条第一款规定，股息、红利等权益性投资收益，是指企业因权益性投资从被投资方取得的收入。

第五节 利息收入

第30集 将资金提供他人使用，何时确认利息收入的实现？

I公司2020年6月22日将100万元资金提供J公司使用，这笔资金不构成对J公司的权益性投资。双方签订了借款合同，合同约定借款期限半年，J公司应于2020年12月22日归还本金100万元并支付利息3万元。

提问：林老师，I公司借款给J公司取得的利息收入，何时确认企业所得税收入的实现？

林老师解答

该公司应于合同约定的债务人J公司应付利息的日期即2020年12月22日，确认收入的实现。

◇ 政策依据

中华人民共和国企业所得税法实施条例

中华人民共和国国务院令第714号修订

第十八条　企业所得税法第六条第（五）项所称利息收入，是指企业将资金提供他人使用但不构成权益性投资，或者因他人占用本企业资金取得的收入，包括存款利息、贷款利息、债券利息、欠款利息等收入。

利息收入，按照合同约定的债务人应付利息的日期确认收入的实现。

> **划重点　消痛点**

本案例中，假定 I 公司将该 100 万元向 J 公司投资，占 J 公司注册资本的 20%，则这笔资金构成对 J 公司的权益性投资，就不属于借款。

第 31 集
企业购买国债，何时确认利息收入的实现？

2017 年 9 月 10 日丁公司购买财政部发行的 3 年期国债，发行时约定到期一次性还本付息。

该公司对上述购买的国债持有至到期日 2020 年 9 月。

提问：林老师，该公司取得国债利息，何时确认企业所得税收入的实现？

> **林老师解答**

该公司应以国债发行时约定应付利息的日期 2020 年 9 月，确认利息收入的实现。

◇ 政策依据

国家税务总局关于企业国债投资业务企业所得税处理问题的公告

2011 年 6 月 22 日　国家税务总局公告 2011 年第 36 号

一、关于国债利息收入税务处理问题

（一）国债利息收入时间确认

1. 根据企业所得税法实施条例第十八条的规定，企业投资国债从国务院财政部门（以下简称发行者）取得的国债利息收入，应以国债发行时约定应付利息的日期，确认利息收入的实现。

划重点　消痛点

本案例中，假定该债券发行时约定每年付息，到期一次性还本，则丁公司应于约定每年应付利息的日期，确认利息收入的实现。

第 32 集

企业转让国债取得利息收入，何时确认收入的实现？

扫码看视频

接前述第 24 集案例。

提问：林老师，该公司取得的国债利息收入，何时确认企业所得税收入的实现？

林老师解答

该公司应于办理国债交易过户手续时，即 2020 年 9 月 9 日，确认国债利息收入的实现。

◇ 政策依据

国家税务总局关于企业国债投资业务企业所得税处理问题的公告

2011 年 6 月 22 日　国家税务总局公告 2011 年第 36 号

一、关于国债利息收入税务处理问题

（一）国债利息收入时间确认

> ……
> 2.企业转让国债,应在国债转让收入确认时确认利息收入的实现。
> ……
> 二、关于国债转让收入税务处理问题
> (一)国债转让收入时间确认
> 1.企业转让国债应在转让国债合同、协议生效的日期,或者国债移交时确认转让收入的实现。

划重点 消痛点

本案例中,戊公司取得的国债利息收入,是指持有期间尚未兑付的国债利息收入,其计算公式如下:

国债利息收入 = 国债金额 ×(适用年利率 ÷365)× 持有天数

第六节　租金收入

第 33 集
企业将机器设备出租给他人使用，何时确认租金收入的实现？

K公司2020年6月18日将一台机器设备出租给L公司使用，双方签订了租赁合同，合同约定租赁期限12个月，租金总额为12万元，L公司应于2020年6月21日、9月21日、12月21日、2021年3月21日支付租金各3万元。

提问：林老师，K公司出租机器设备给L公司取得的租金收入，何时确认企业所得税收入的实现？

林老师解答

该公司应于合同约定的承租人L公司应付租金的日期，确认收入的实现，分别于2020年6月21日、9月21日、12月21日、2021年3月21日确认租金收入各3万元。

◇ **政策依据**

中华人民共和国企业所得税法实施条例

中华人民共和国国务院令第714号修订

第十九条　企业所得税法第六条第（六）项所称租金收入，是指企业提供固定资产、包装物或者其他有形资产的使用权取得的收入。

租金收入，按照合同约定的承租人应付租金的日期确认收入的实现。

划重点 消痛点

本案例中，K公司在会计处理时，2020年及2021年应确认的租金收入计算如下：

2020年租金收入 = 12万元 × 197天 ÷ 365天 = 64767.12（元）

2021年租金收入 = 12万元 × 168天 ÷ 365天 = 55232.88（元）

K公司在计算申报2020年度企业所得税时，2020年租金收入为90000元，与上述会计处理计算的2020年租金收入64767.12元的差额为25232.88元，在2020年度企业所得税汇算清缴时作纳税调整增加25232.88元；在计算申报2021年度企业所得税时，2021年租金收入为30000元，与上述会计处理计算的2021年租金收入55232.88元的差额为25232.88元，在2021年度企业所得税汇算清缴时作纳税调整减少25232.88元。

第34集 企业一次性收取厂房租金，何时确认租金收入的实现？

M公司2020年7月1日将厂房出租给N公司使用，双方签订了租赁合同，合同约定租赁期限2年，2020年7月1日提前一次性收取租金48万元。

提问：林老师，M公司出租厂房给N公司取得的租金收入，何时确认企业所得税收入的实现？

林老师解答

租赁期限跨年度，且承租人N公司租金提前一次性支付，M公司可以在租赁期内，分期均匀计入2020年、2021

年及 2022 年收入：

（1）2020 年租金收入

= 租金收入总额 ×（2020 年租赁月份数 ÷ 租赁总月份数）

= 48 ×（6 ÷ 24）

= 12（万元）

（2）2021 年租金收入

= 租金收入总额 ×（2021 年租赁月份数 ÷ 租赁总月份数）

= 48 ×（12 ÷ 24）

= 24（万元）

（3）2022 年租金收入

= 租金收入总额 ×（2022 年租赁月份数 ÷ 租赁总月份数）

= 48 ×（6 ÷ 24）

= 12（万元）

◇ 政策依据

国家税务总局关于贯彻落实企业所得税法若干税收问题的通知

2010 年 2 月 22 日　国税函〔2010〕79 号

一、关于租金收入确认问题

根据《实施条例》第十九条的规定，企业提供固定资产、包装物或者其他有形资产的使用权取得的租金收入，应按交易合同或协议规定的承租人应付租金的日期确认收入的实现。其中，如果交易合同或协议中规定租赁期限跨年度，且租金提前一次性支付的，根据《实施条例》第九条规定的收入与费用配比原则，出租人可对上述已确认的收入，在租赁期内，分期均匀计入相关年度收入。

划重点　消痛点

本案例中，M公司取得的租金收入，可以在租赁期内分期均匀计入相关年度收入，需要同时具备以下两个条件：

（1）租赁合同中规定的租赁期限跨年度；

（2）M公司提前一次性收取租金。

第七节　特许权使用费收入

第35集
企业将专利权提供他人使用，何时确认专利使用费收入的实现？

A公司2020年7月将专利权许可给P公司使用，双方签订了专利使用许可合同，合同约定使用期限一年，使用费总额为60万元，P公司应于2020年12月28日支付。

提问：林老师，A公司将专利权许可给P公司使用取得的专利使用费收入，何时确认企业所得税收入的实现？

林老师解答

该公司应于合同约定的专利权使用人P公司应付专利使用费的日期即2020年12月28日，确认收入的实现。

◇ **政策依据**

中华人民共和国企业所得税法实施条例

中华人民共和国国务院令第714号修订

第二十条　企业所得税法第六条第（七）项所称特许权使用费收入，是指企业提供专利权、非专利技术、商标权、著作权以及其他特许权的使用权取得的收入。

特许权使用费收入，按照合同约定的特许权使用人应付特许权使用费的日期确认收入的实现。

划重点　消痛点

本案例中，假定专利使用许可合同约定 P 公司应分别于 2020 年 7 月 28 日、2021 年 1 月 28 日各支付 30 万元，则 A 公司应分别于 2020 年 7 月 28 日、2021 年 1 月 28 日确认专利使用费收入各 30 万元。

第 36 集
企业将商标权提供他人使用，何时确认商标使用费收入的实现？

Q 公司 2020 年 7 月将商标权许可给 R 公司使用，双方签订了《商标许可使用合同》，合同约定使用期限一年，使用费总额为 12 万元，R 公司应于 2021 年 6 月 21 日支付。

提问：林老师，Q 公司将商标权授权给 R 公司使用取得的商标使用费收入，何时确认企业所得税收入的实现？

林老师解答

该公司应于合同约定的商标权使用人应付商标使用费的日期即 2021 年 6 月 21 日，确认收入的实现。

◇ 政策依据

中华人民共和国企业所得税法实施条例

中华人民共和国国务院令第 714 号修订

第二十条　企业所得税法第六条第（七）项所称特许权使用费收入，是指企业提供专利权、非专利技术、商标权、著作权以及其他特许权的

第一章 收入总额

使用权取得的收入。

特许权使用费收入,按照合同约定的特许权使用人应付特许权使用费的日期确认收入的实现。

划重点 消痛点

本案例中,假定商标许可使用期间为 2020 年 7 月 1 日至 2021 年 6 月 30 日,则 Q 公司在会计处理时,2020 年、2021 年商标使用费收入各为 6 万元,与企业所得税处理时确认的 2020 年、2021 年商标使用费收入 0、12 万元的差额,应于 2020 年度、2021 年度企业所得税汇算清缴时作纳税调整。

第八节　接受捐赠收入

第 37 集

企业接受捐赠口罩，何时确认接受捐赠收入的实现？

S公司2020年3月2日收到所在街道办事处捐赠的口罩，用于应对新型冠状病毒感染的肺炎疫情。

提问：林老师，该公司接受捐赠口罩，何时确认企业所得税收入的实现？

林老师解答

该公司应于实际收到捐赠口罩的日期即2020年3月2日，确认收入的实现。

◇ 政策依据

中华人民共和国企业所得税法实施条例

中华人民共和国国务院令第714号修订

第二十一条　企业所得税法第六条第（八）项所称接受捐赠收入，是指企业接受的来自其他企业、组织或者个人无偿给予的货币性资产、非货币性资产。

接受捐赠收入，按照实际收到捐赠资产的日期确认收入的实现。

第一章 收入总额

划重点 消痛点

本案例中，假定S公司收到捐赠口罩的公允价值为2万元，则接受捐赠收入按照2万元确认。

第九节 其他收入

第 38 集

仪器设备盘盈收入,要计入企业收入吗?

G 公司 2019 年 12 月对固定资产进行清查盘点,发现有一台仪器设备未入账,出现了固定资产盘盈。

提问:林老师,该公司仪器设备盘盈收入,要计入企业收入吗?

林老师解答

该公司仪器设备盘盈收入,属于企业资产溢余收入,应作为其他收入,计入企业收入总额计算纳税。

◇ 政策依据

中华人民共和国企业所得税法实施条例

中华人民共和国国务院令第 714 号修订

第二十二条 企业所得税法第六条第(九)项所称其他收入,是指企业取得的除企业所得税法第六条第(一)项至第(八)项规定的收入外的其他收入,包括企业资产溢余收入……等。

> **划重点　消痛点**

本案例中，假定 G 公司盘盈的这台仪器设备于 2019 年 1 月投入使用，其公允价值为 20 万元，则盘盈收入按照 20 万元计入 2019 年收入计算申报企业所得税，从 2019 年 2 月起按规定计提折旧在企业所得税税前扣除。

第 39 集
逾期未退包装物押金收入，要计入企业收入吗？

I 公司 2018 年 6 月向客户收取包装物押金，2019 年 12 月逾期未返还客户。

提问：林老师，该公司逾期未退包装物押金收入，要计入企业收入吗？

林老师解答

该公司取得的逾期未退包装物押金收入，应作为其他收入，计入企业收入总额计算纳税。

◇ **政策依据**

中华人民共和国企业所得税法实施条例

中华人民共和国国务院令第 714 号修订

第二十二条　企业所得税法第六条第（九）项所称其他收入，是指企业取得的除企业所得税法第六条第（一）项至第（八）项规定的收入外的其他收入，包括……逾期未退包装物押金收入……等。

> **划重点　消痛点**

在学习本案例时，须注意应确认收入的包装物押金是"逾期未退"的，未超过期限的押金，无须确认收入。

第 40 集　企业无法偿付的应付款项，要计入企业收入吗？

扫码看视频

> K公司2018年11月向M公司购买一批办公设备，应付M公司货款5万元。2019年12月M公司注销，K公司无法偿付货款。
>
> 提问：林老师，该公司无法偿付的应付款项，要计入企业收入吗？

林老师解答

该公司无法偿付的应付款项，应作为其他收入，计入企业收入总额计算纳税。

◇ 政策依据

中华人民共和国企业所得税法实施条例

中华人民共和国国务院令第714号修订

第二十二条　企业所得税法第六条第（九）项所称其他收入，是指企业取得的除企业所得税法第六条第（一）项至第（八）项规定的收入外的其他收入，包括……确实无法偿付的应付款项……等。

> **划重点　消痛点**

本案例中，应将 K 公司因债权人 M 公司注销而无法偿付所欠 M 公司的货款确认为收入；若该应付款项需要支付，则无须确认收入。

第 41 集　企业已作坏账损失处理后又收回的应收款项，要计入企业收入吗？

扫码看视频

O 公司 2018 年 12 月核销应收款项 100 万元，并作为坏账损失在 2018 年度企业所得税税前扣除。

2020 年 8 月 O 公司收回上述已作坏账损失处理的部分应收款项 10 万元。

提问：林老师，该公司收回已作坏账损失处理的应收款项 10 万元，要计入企业收入吗？

林老师解答

该公司收回已作坏账损失处理的应收款项，应作为其他收入，计入企业收入总额计算纳税。

◇ 政策依据

中华人民共和国企业所得税法实施条例

中华人民共和国国务院令第 714 号修订

第二十二条　企业所得税法第六条第（九）项所称其他收入，是指企业取得的除企业所得税法第六条第（一）项至第（八）项规定的收入外的其他收入，包括……已作坏账损失处理后又收回的应收款项……等。

划重点 消痛点

本案例中，假定 O 公司坏账损失 100 万元未在 2018 年度企业所得税税前扣除，则 2020 年 8 月 O 公司收回部分应收款项 10 万元，无须确认收入。

第 42 集

企业债务重组，何时确认收入的实现？

Y 公司 2019 年 1 月向 Z 公司销售一批水泥。2020 年 9 月 3 日 Z 公司发生财务困难，无法按合同规定支付水泥货款 300 万元，双方经过协商后，签订了债务重组协议，Z 公司用生产的水泥混凝土（公允价值为 200 万元）抵偿所欠 Y 公司货款，该协议于当日生效。

提问：林老师，Z 公司发生债务重组，取得重组收益 100 万元，何时确认企业所得税收入的实现？

林老师解答

该公司应于债务重组协议生效时，即 2020 年 9 月 3 日，确认收入的实现。

◇ 政策依据

**国家税务总局关于贯彻落实企业所得税法
若干税收问题的通知**

2010年2月22日　国税函〔2010〕79号

二、关于债务重组收入确认问题

企业发生债务重组，应在债务重组合同或协议生效时确认收入的实现。

划重点　消痛点

本案例中，假定该债务重组符合《财政部　国家税务总局关于企业重组业务企业所得税处理若干问题的通知》（财税〔2009〕59号）第五条规定的条件，且Z公司债务重组确认的应纳税所得额占其2020年应纳税所得额50%以上，则Z公司可以在5个纳税年度（2020年至2024年）内，将债务重组所得均匀计入各年度的应纳税所得额。

第43集

企业收到稳岗补贴，要计入企业收入吗？

扫码看视频

Q公司2020年5月收到了当地政府发放的稳岗补贴5000元。

提问：林老师，该公司收到稳岗补贴，要计入企业收入吗？

林老师解答

该公司收到稳岗补贴，属于补贴收入，应作为其他收入，计入企业收入总额计算纳税。

◇ **政策依据**

中华人民共和国企业所得税法实施条例

中华人民共和国国务院令第714号修订

第二十二条　企业所得税法第六条第（九）项所称其他收入，是指企业取得的除企业所得税法第六条第（一）项至第（八）项规定的收入外的其他收入，包括……补贴收入……等。

划重点　消痛点

本案例中，假定Q公司2019年12月接到政府文件，文件通知其可以申请补贴，Q公司可以在2019年12月确认收入吗？

不可以。2019年12月Q公司只是获知可以申请补贴，至于能否申请获得补贴以及补贴金额多少等，在2019年12月尚无法确定，因此，Q公司在2019年12月无法确认补贴收入，应于2020年5月收到补贴时确认收入。

第44集

企业收到违约金，要计入企业收入吗？

S公司2020年6月收到了供应商因违反合同规定而支付的违约金1万元。

提问：林老师，该公司收到违约金，要计入企业收入吗？

第一章 收入总额

林老师解答

该公司收到违约金，应作为其他收入，计入企业收入总额计算纳税。

◇ 政策依据

中华人民共和国企业所得税法实施条例

中华人民共和国国务院令第714号修订

第二十二条 企业所得税法第六条第（九）项所称其他收入，是指企业取得的除企业所得税法第六条第（一）项至第（八）项规定的收入外的其他收入，包括……违约金收入……等。

划重点 消痛点

企业取得的汇兑收益，也应作为其他收入，计入企业收入总额计算纳税。

第45集

企业投资者取得行政和解金，需要缴纳企业所得税吗？

扫码看视频

E公司投资F上市公司，F公司与证监会就涉嫌违法行为的处理达成行政和解协议，并按协议约定交纳了行政和解金。

2020年10月E公司从投保基金公司取得了行政和解金人民币10万元。

提问：林老师，E公司取得行政和解金，需要缴纳企业所得税吗？

林老师解答

E公司取得行政和解金，应计入2020年收入，依法缴纳企业所得税。

◇政策依据

财政部 国家税务总局关于行政和解金有关税收政策问题的通知

2016年9月18日 财税〔2016〕100号

三、对企业投资者从投保基金公司取得的行政和解金，应计入企业当期收入，依法征收企业所得税；……

划重点 消痛点

个人投资者与企业投资者从投保基金公司取得的行政和解金，在征收所得税方面存在重大差异，个人投资者取得的行政和解金暂免征收个人所得税。

第二章 视同销售收入

第一节 内部处置资产

第 46 集
企业将自产蘑菇加工为蘑菇罐头,要视同销售确认收入吗?

扫码看视频

A 公司 2020 年 1 月将自产的蘑菇用于生产加工蘑菇罐头。

提问: 林老师,A 公司将自产的蘑菇用于生产加工蘑菇罐头,要视同销售确认收入吗?

林老师解答

该公司将自产的蘑菇用于生产加工蘑菇罐头,属于将资产用于生产加工另一产品,资产所有权属在形式和实质上均不发生改变,可作为内部处置资产,不视同销售确认收入。

◇ 政策依据

国家税务总局关于企业处置资产所得税处理问题的通知

2008 年 10 月 9 日 国税函〔2008〕828 号

一、企业发生下列情形的处置资产,除将资产转移至境外以外,由于资产所有权属在形式和实质上均不发生改变,可作为内部处置资产,不视同销售确认收入,相关资产的计税基础延续计算。

(一)将资产用于生产、制造、加工另一产品;

……

划重点 消痛点

本案例中，A公司将自产的蘑菇用于生产加工蘑菇罐头，自产蘑菇的计税基础延续计算，计入蘑菇罐头生产加工成本。

第47集
企业将水化成生产用的冰块，要视同销售确认收入吗？

B公司2020年1月将外购的水化成冰块，用于生产经营。

提问：林老师，B公司将水化成冰块，要视同销售确认收入吗？

林老师解答

该公司将水化成冰块，属于改变资产形状，资产所有权属在形式和实质上均不发生改变，可作为内部处置资产，不视同销售确认收入。

◇ 政策依据

国家税务总局关于企业处置资产所得税处理问题的通知

2008年10月9日　国税函〔2008〕828号

一、企业发生下列情形的处置资产，除将资产转移至境外以外，由于资产所有权属在形式和实质上均不发生改变，可作为内部处置资产，不视同销售确认收入，相关资产的计税基础延续计算。

……

第二章 视同销售收入

（二）改变资产形状、结构或性能；

......

第 48 集

企业将自产汽车自用，要视同销售确认收入吗？

C 公司为汽车生产厂家，2020 年 1 月将自己生产的原用于对外销售的 3 辆汽车，用于公司生产经营用车，并列入固定资产管理。

提问：林老师，C 公司将自产汽车转用于公司生产经营，要视同销售确认收入吗？

林老师解答

该公司将用于销售的自产汽车转为自用，属于改变资产用途，资产所有权属在形式和实质上均不发生改变，可作为内部处置资产，不视同销售确认收入。

◇ **政策依据**

国家税务总局关于企业处置资产所得税处理问题的通知

2008 年 10 月 9 日　国税函〔2008〕828 号

一、企业发生下列情形的处置资产，除将资产转移至境外以外，由于资产所有权属在形式和实质上均不发生改变，可作为内部处置资产，不视同销售确认收入，相关资产的计税基础延续计算。

......

（三）改变资产用途（如，自建商品房转为自用或经营）；

......

第49集
总公司将机器设备转移给分公司，要视同销售确认收入吗？

D公司为食品企业，在其他县区设立了分公司。D公司2020年2月将4台食品生产设备转移给分公司，用于分公司生产加工食品。

提问：林老师，D公司将生产设备转移给分公司，要视同销售确认收入吗？

林老师解答

该公司将生产设备转移给分公司，属于将资产在总机构及其分支机构之间转移，资产所有权属在形式和实质上均不发生改变，可作为内部处置资产，不视同销售确认收入。

◇ 政策依据

国家税务总局关于企业处置资产所得税处理问题的通知

2008年10月9日　国税函〔2008〕828号

一、企业发生下列情形的处置资产，除将资产转移至境外以外，由于资产所有权属在形式和实质上均不发生改变，可作为内部处置资产，不视同销售确认收入，相关资产的计税基础延续计算。

……

（四）将资产在总机构及其分支机构之间转移；

……

第二章 视同销售收入

> **划重点　消痛点**

　　第46集至第49集案例列举的4种情形，资产所有权属在形式和实质上均不发生改变，无须视同销售确认收入；除此之外，企业发生上述4种情形中的两种或两种以上混合处置情形，以及发生其他不改变资产所有权属的处置情形，也可作为内部处置资产，无须视同销售确认收入。

第二节 移送资产

第 50 集
企业将自产香肠用于市场推广，要视同销售确认收入吗？

E 公司 2020 年"五一"劳动节将自己新推出的香肠产品，用于在主要的合作卖场举办的市场推广活动，参加者可以随机抽中获得香肠，当天送出香肠 100 箱。

提问：林老师，E 公司将自产的香肠用于市场推广，在计算申报企业所得税时，要视同销售确认收入吗？

林老师解答

该公司将自产的香肠用于市场推广，资产所有权属已发生改变，应按规定视同销售确定收入。

◇ 政策依据

中华人民共和国企业所得税法实施条例

中华人民共和国国务院令第 714 号修订

第二十五条　企业发生非货币性资产交换，以及将货物、财产、劳务用于捐赠、偿债、赞助、集资、广告、样品、职工福利或者利润分配等用途的，应当视同销售货物、转让财产或者提供劳务，但国务院财政、税务主管部门另有规定的除外。

第二章 视同销售收入

国家税务总局关于企业处置资产所得税处理问题的通知

2008年10月9日 国税函〔2008〕828号

二、企业将资产移送他人的下列情形，因资产所有权属已发生改变而不属于内部处置资产，应按规定视同销售确定收入。

（一）用于市场推广或销售；

……

第51集

企业将自产香肠用于市场推广，如何计算视同销售收入？

接前述第50集案例，E公司送出香肠的市场公允价值为20万元（不含增值税）。

提问：林老师，E公司将自产的香肠用于市场推广，在计算申报企业所得税时，如何计算销售收入？

林老师解答

该公司将自产的香肠用于市场推广，应按照公允价值20万元确定销售收入。

◇ 政策依据

国家税务总局关于企业所得税有关问题的公告

2016年12月9日 国家税务总局公告2016年第80号

二、企业移送资产所得税处理问题

企业发生《国家税务总局关于企业处置资产所得税处理问题的通

知》(国税函〔2008〕828号)第二条规定情形的,除另有规定外,应按照被移送资产的公允价值确定销售收入。

划重点　消痛点

本案例中,E公司将自产的香肠用于市场推广,视同销售收入不能按照账面价值确认,而应按照公允价值确认。与此同时,E公司应按照香肠计税成本结转视同销售成本,而香肠是自产的,一般来说,其计税成本低于公允价值,两者的差额形成了E公司的企业所得税应纳税所得额。

第52集

企业将外购水果用于交际应酬,要视同销售确认收入吗?

F公司2020年6月将外购的水果赠送客户,用于交际应酬。

提问：林老师,F公司赠送水果给客户,在计算申报企业所得税时,要视同销售确认收入吗?

林老师解答

该公司赠送水果用于交际应酬,资产所有权属已发生改变,应按规定视同销售确定收入。

第二章 视同销售收入

◇ 政策依据

国家税务总局关于企业处置资产所得税处理问题的通知

2008年10月9日　国税函〔2008〕828号

二、企业将资产移送他人的下列情形，因资产所有权属已发生改变而不属于内部处置资产，应按规定视同销售确定收入。

……

（二）用于交际应酬；

……

第53集

企业将外购水果用于交际应酬，如何确定视同销售收入？

接前述第52集案例，F公司赠送水果的市场公允价值为3万元（不含增值税）。

提问：林老师，F公司赠送水果给客户，在计算申报企业所得税时，如何计算销售收入？

林老师解答

该公司赠送水果用于交际应酬，应按照公允价值3万元确定销售收入。

◇ 政策依据

国家税务总局关于企业所得税有关问题的公告

2016年12月9日　国家税务总局公告2016年第80号

二、企业移送资产所得税处理问题

75

企业发生《国家税务总局关于企业处置资产所得税处理问题的通知》(国税函〔2008〕828号)第二条规定情形的，除另有规定外，应按照被移送资产的公允价值确定销售收入。

划重点 消痛点

本案例中，F公司将外购的水果赠送客户，应在按照公允价值确认视同销售收入的同时，按照外购水果的计税成本结转视同销售成本，而水果是外购的，一般来说，其计税成本与公允价值接近或相同，该视同销售业务形成的企业所得税应纳税所得额较小或为零。

第54集 企业将自产火腿用于职工福利，要视同销售确认收入吗？

G公司2020年6月将自己生产的火腿发给职工，用于职工福利。

提问：林老师，G公司发放火腿给职工，在计算申报企业所得税时，要视同销售确认收入吗？

林老师解答

该公司发放火腿用于职工福利，资产所有权属已发生改变，应按规定视同销售确定收入。

第二章 视同销售收入

◇ 政策依据

国家税务总局关于企业处置资产所得税处理问题的通知

2008年10月9日 国税函〔2008〕828号

二、企业将资产移送他人的下列情形，因资产所有权属已发生改变而不属于内部处置资产，应按规定视同销售确定收入。

……

（三）用于职工奖励或福利；

……

第55集
企业将自产茶叶用于股息分配，要视同销售确认收入吗？

扫码看视频

H公司2020年7月将自己生产的茶叶发给股东，用于股息分配。

提问：林老师，H公司发放茶叶给股东，在计算申报企业所得税时，要视同销售确认收入吗？

林老师解答

该公司发放茶叶用于股息分配，资产所有权属已发生改变，应按规定视同销售确定收入。

77

◇ 政策依据

国家税务总局关于企业处置资产所得税处理问题的通知

2008 年 10 月 9 日   国税函〔2008〕828 号

二、企业将资产移送他人的下列情形，因资产所有权属已发生改变而不属于内部处置资产，应按规定视同销售确定收入。

……

（四）用于股息分配；

……

第 56 集
企业将自产食品用于对外捐赠，要视同销售确认收入吗？

I 公司 2020 年 8 月通过红十字会向洪涝灾区捐赠自己生产的食品，用于帮助灾区群众渡过难关、重建家园。

提问：林老师，I 公司向洪涝灾区捐赠食品，在计算申报企业所得税时，要视同销售确认收入吗？

林老师解答

该公司将食品用于对外捐赠，资产所有权属已发生改变，应按规定视同销售确定收入。

第二章 视同销售收入

◇ 政策依据

国家税务总局关于企业处置资产所得税处理问题的通知

2008 年 10 月 9 日　　国税函〔2008〕828 号

二、企业将资产移送他人的下列情形，因资产所有权属已发生改变而不属于内部处置资产，应按规定视同销售确定收入。

……

（五）用于对外捐赠；

……

划重点　消痛点

第 50 集至第 56 集案例列举的情形，因资产所有权属均已发生改变，应视同销售确认收入并结转视同销售成本。除此之外，企业发生其他改变资产所有权属的处置情形，也应视同销售确认收入并结转成本。

第三章 不征税收入

第一节 符合不征税收入条件的财政性资金

第 57 集

企业取得专项用途财政性资金，可以作为不征税收入吗？

甲公司 2019 年 1 月取得省工信局专项用途财政性资金 100 万元，该资金有规定资金专项用途的资金拨付文件，省工信局对该资金有专门的资金管理办法，甲公司对该资金以及以该资金发生的支出单独进行核算。

提问：林老师，甲公司取得该资金，在计算申报企业所得税时，可以作为不征税收入吗？

林老师解答

该公司取得的该专项用途财政性资金，符合《财政部 国家税务总局关于专项用途财政性资金企业所得税处理问题的通知》（财税〔2011〕70 号）规定的条件，可以作为不征税收入，在计算应纳税所得额时从收入总额中减除。

◇ 政策依据

财政部 国家税务总局关于专项用途
财政性资金企业所得税处理问题的通知

2011 年 9 月 7 日 财税〔2011〕70 号

一、企业从县级以上各级人民政府财政部门及其他部门取得的应计

第三章 不征税收入

入收入总额的财政性资金，凡同时符合以下条件的，可以作为不征税收入，在计算应纳税所得额时从收入总额中减除：

（一）企业能够提供规定资金专项用途的资金拨付文件；

（二）财政部门或其他拨付资金的政府部门对该资金有专门的资金管理办法或具体管理要求；

（三）企业对该资金以及以该资金发生的支出单独进行核算。

划重点　消痛点

本案例中，假定甲公司未对该资金以及以该资金发生的支出单独进行核算，则不符合财税〔2011〕70号文件第一条第（三）项规定的条件，不能选择作为不征收税收入处理。

第二节 应纳税的财政性资金

第 58 集
不征税收入 60 个月内未发生支出且未缴回拨付部门，需要缴纳企业所得税吗？

丙公司 2015 年 7 月取得省财政厅拨付专项用途财政性资金 80 万元，符合不征税收入条件。

丙公司对该笔资金选择采用不征税收入处理，但在 60 个月内未发生支出且未缴回省财政厅。

提问： 林老师，丙公司上述专项用途财政性资金 80 万元，需要缴纳企业所得税吗？

林老师解答

该公司将财政性资金作不征税收入处理后，在 60 个月内未发生支出且未缴回拨付部门，应计入取得该资金第 6 年（2020 年）的应税收入总额计算缴纳企业所得税。

◇ 政策依据

财政部　国家税务总局关于专项用途财政性资金企业所得税处理问题的通知

2011 年 9 月 7 日　财税〔2011〕70 号

三、企业将符合本通知第一条规定条件的财政性资金作不征税收入处理后，在 5 年（60 个月）内未发生支出且未缴回财政部门或其

第三章 不征税收入

> 他拨付资金的政府部门的部分，应计入取得该资金第六年的应税收入总额；……

划重点 消痛点

本案例中，丙公司将取得的财政性资金计入取得该资金第 6 年的应税收入总额，应基于以下两个前提条件：

（1）该财政性资金符合不征税收入条件且丙公司对该笔资金选择作为不征税收入处理；

（2）丙公司取得该财政性资金后，在 60 个月内未发生支出且未缴回拨付部门。

第二篇　扣除篇

第四章　成本、费用、损失

第一节　职工薪酬支出

第59集
职工教育经费可以计入工资、薪金总额在税前扣除吗？

扫码看视频

I公司2020年10月支付职工教育经费1万元。

提问：林老师，I公司支付的职工教育经费，可以计入工资、薪金总额在企业所得税税前扣除吗？

林老师解答

不可以。

◇ 政策依据

国家税务总局关于企业工资薪金及职工
福利费扣除问题的通知

2009年1月4日　国税函〔2009〕3号

二、关于工资薪金总额问题

《实施条例》第四十、四十一、四十二条所称的"工资薪金总额"，是指企业按照本通知第一条规定实际发放的工资薪金总和，不包括企业的职工福利费、职工教育经费、工会经费以及养老保险费、医疗保险费、失业保险费、工伤保险费、生育保险费等社会保险费和住房公积金。属于国有性质的企业，其工资薪金，不得超过政府有关部门给予的限定数额；超过部分，不得计入企业工资薪金总额，也不得在计算企业应纳税所得额时扣除。

> **划重点　消痛点**

本案例中，I 公司支付的职工教育经费，应计入职工教育经费支出，并按规定计算限额在企业所得税税前扣除。

> **知识链接**

什么是工资、薪金？

《中华人民共和国企业所得税法实施条例》第三十四条规定，工资、薪金，是指企业每一纳税年度支付给在本企业任职或者受雇的员工的所有现金形式或者非现金形式的劳动报酬，包括基本工资、奖金、津贴、补贴、年终加薪、加班工资，以及与员工任职或者受雇有关的其他支出。

第 60 集
福利性补贴支出可以计入工资、薪金总额在税前扣除吗？

J 公司 2020 年 10 月支付福利性补贴 3 万元，该补贴列入公司员工工资、薪金制度，固定与工资、薪金一起发放。

提问：林老师，J 公司支付的福利性补贴，可以计入工资、薪金总额在企业所得税税前扣除吗？

第四章 成本、费用、损失

林老师解答

可以。

◇ 政策依据

国家税务总局关于企业工资薪金和职工福利费等支出税前扣除问题的公告

2015年5月8日　国家税务总局公告2015年第34号

一、企业福利性补贴支出税前扣除问题

列入企业员工工资薪金制度、固定与工资薪金一起发放的福利性补贴，符合《国家税务总局关于企业工资薪金及职工福利费扣除问题的通知》（国税函〔2009〕3号）第一条规定的，可作为企业发生的工资薪金支出，按规定在税前扣除。

划重点　消痛点

本案例中，假定J公司支付的福利性补贴，未列入企业员工工资、薪金制度，也未固定与工资、薪金一起发放，则应作为职工福利费支出，按规定计算限额在企业所得税税前扣除。

第 61 集 年度汇算清缴结束前支付汇缴年度工资、薪金，可以在税前扣除吗？

K 公司 2020 年 5 月向员工支付工资、薪金 20 万元，该工资、薪金在 2019 年已预提。

提问：林老师，K 公司在 2019 年度汇算清缴结束前支付 2019 年预提的工资、薪金，可以在 2019 年企业所得税税前扣除吗？

林老师解答

可以。

◇ **政策依据**

国家税务总局关于企业工资薪金和职工福利费等支出税前扣除问题的公告

2015 年 5 月 8 日　国家税务总局公告 2015 年第 34 号

二、企业年度汇算清缴结束前支付汇缴年度工资薪金税前扣除问题

企业在年度汇算清缴结束前向员工实际支付的已预提汇缴年度工资薪金，准予在汇缴年度按规定扣除。

划重点　消痛点

本案例中，假定 K 公司 2019 年预提的工资、薪金 20 万元，在 2019 年度汇算清缴结束前向员工实际支付 10 万元，则已预提未支付的 10 万元应

纳税调整增加2019年度企业所得税应纳税所得额。

第62集 直接支付给劳务派遣公司的费用，作为工资、薪金支出在税前扣除吗？

L公司接受外部劳务派遣用工，2020年10月向劳务派遣公司支付费用30万元，并取得了发票。

提问：林老师，L公司向劳务派遣公司支付的费用，应作为工资、薪金支出在企业所得税税前扣除吗？

林老师解答

L公司向劳务派遣公司支付的费用，应作为劳务费支出，按规定在企业所得税税前扣除。

◇ 政策依据

国家税务总局关于企业工资薪金和职工福利费等支出税前扣除问题的公告

2015年5月8日 国家税务总局公告2015年第34号

三、企业接受外部劳务派遣用工支出税前扣除问题

企业接受外部劳务派遣用工所实际发生的费用，应分两种情况按规定在税前扣除：按照协议（合同）约定直接支付给劳务派遣公司的费用，应作为劳务费支出；……

划重点 消痛点

本案例中，假定 L 公司接受外部劳务派遣用工所实际发生的费用直接支付给员工个人，则应作为工资、薪金支出和职工福利费支出。其中，属于工资、薪金支出的费用，准予计入企业工资、薪金总额的基数，作为计算其他各项相关费用扣除的依据。

第 63 集
雇用季节工所实际发生的费用，可以在税前扣除吗？

P 公司 2020 年 10 月向雇用的季节工支付工资 36 万元。

提问：林老师，P 公司支付的雇用季节工工资，可以在企业所得税税前扣除吗？

林老师解答

P 公司支付的雇用季节工工资，作为工资、薪金支出，按照《中华人民共和国企业所得税法》规定在企业所得税税前扣除。

◇ 政策依据

国家税务总局关于企业所得税应纳税所得额若干税务处理问题的公告

2012 年 4 月 24 日　国家税务总局公告 2012 年第 15 号

一、关于季节工、临时工等费用税前扣除问题

第四章 成本、费用、损失

企业因雇用季节工、临时工、实习生、返聘离退休人员以及接受外部劳务派遣用工所实际发生的费用,应区分为工资薪金支出和职工福利费支出,并按《企业所得税法》规定在企业所得税前扣除。其中属于工资薪金支出的,准予计入企业工资薪金总额的基数,作为计算其他各项相关费用扣除的依据。

国家税务总局关于企业工资薪金和职工福利费等支出税前扣除问题的公告

2015年5月8日　国家税务总局公告2015年第34号

四、施行时间

……

《国家税务总局关于企业所得税应纳税所得额若干税务处理问题的公告》(税务总局公告2012年第15号)第一条有关企业接受外部劳务派遣用工的相关规定同时废止。

划重点　消痛点

本案例中,假定P公司除了向雇用的季节工支付工资之外,还向其支付福利费2万元,则这2万元应作为职工福利费支出,并按规定计算限额在企业所得税税前扣除。

第 64 集

雇用实习生所实际发生的费用，可以在税前扣除吗？

Q 公司 2020 年 10 月向雇用的实习生支付工资 4 万元。

提问：林老师，Q 公司支付的雇用实习生工资，可以在企业所得税税前扣除吗？

林老师解答

Q 公司支付的雇用实习生工资，作为工资、薪金支出在企业所得税税前扣除。

◇ 政策依据

教育部　国家发展改革委　工业和信息化部
财政部　人力资源社会保障部　国家税务总局
关于印发《职业学校校企合作促进办法》的通知
2018 年 2 月 5 日　教职成〔2018〕1 号

第二十一条　企业因接收学生实习所实际发生的与取得收入有关的合理支出，以及企业发生的职工教育经费支出，依法在计算应纳税所得额时扣除。

划重点　消痛点

本案例中，假定 2020 年 10 月 Q 公司还雇用返聘离退休人员并向其支付工资 2 万元，则这 2 万元也应作为工资、薪金支出在企业所得税税前扣除。

第四章 成本、费用、损失

第 65 集
股权激励支出，可以在税前扣除吗？

扫码看视频

  R 公司为在我国境内上市的居民企业，2018 年 9 月根据国务院证券管理委员会发布的《上市公司股权激励管理办法（试行）》（证监公司字〔2005〕151 号）的规定，为其职工建立了股权激励计划。根据股权激励计划，R 公司 2018 年 9 月授予职工股票期权 30 万股，授予价格为每股 7 元，同时约定可在 2020 年 9 月行权。

  R 公司职工 2020 年 9 月行权，取得公司股票 30 万股，当天股票收盘价为每股 10 元。

  提问：林老师，R 公司股权激励支出，可以在企业所得税税前扣除吗？

林老师解答

  R 公司以 2020 年 9 月实际行权时股票的公允价格每股 10 元与 2018 年 9 月激励对象实际行权时支付价格每股 7 元的差额每股 3 元，乘以行权数量 30 万股，计算确定作为 2020 年工资、薪金支出 90 万元，依照税法规定进行税前扣除。

◇ 政策依据

国家税务总局关于我国居民企业实行股权激励计划有关企业所得税处理问题的公告

2012 年 5 月 23 日 国家税务总局公告 2012 年第 18 号

  二、上市公司依照《管理办法》要求建立职工股权激励计划，并按

95

我国企业会计准则的有关规定,在股权激励计划授予激励对象时,按照该股票的公允价格及数量,计算确定作为上市公司相关年度的成本或费用,作为换取激励对象提供服务的对价。上述企业建立的职工股权激励计划,其企业所得税的处理,按以下规定执行:

(一)对股权激励计划实行后立即可以行权的,上市公司可以根据实际行权时该股票的公允价格与激励对象实际行权支付价格的差额和数量,计算确定作为当年上市公司工资薪金支出,依照税法规定进行税前扣除。

(二)对股权激励计划实行后,需待一定服务年限或者达到规定业绩条件(以下简称等待期)方可行权的。上市公司等待期内会计上计算确认的相关成本费用,不得在对应年度计算缴纳企业所得税时扣除。在股权激励计划可行权后,上市公司方可根据该股票实际行权时的公允价格与当年激励对象实际行权支付价格的差额及数量,计算确定作为当年上市公司工资薪金支出,依照税法规定进行税前扣除。

(三)本条所指股票实际行权时的公允价格,以实际行权日该股票的收盘价格确定。

划重点 消痛点

本案例中,R公司2018年9月授予职工股票期权30万股,授予价格为每股7元,R公司可以将其作为工资、薪金支出在2018年企业所得税税前扣除吗?

不可以。此时职工未行权,股权激励支出尚未发生,因此不能在税前扣除。

第四章 成本、费用、损失

第 66 集
防暑降温费可以计入职工福利费在税前扣除吗？

S 公司 2020 年 7 月向职工支付防暑降温费 3 万元。

提问：林老师，S 公司向职工支付防暑降温费，可以计入职工福利费在企业所得税税前扣除吗？

林老师解答

S 公司支付职工防暑降温费，计入职工福利费，按规定可以在企业所得税税前扣除。

◇ 政策依据

国家税务总局关于企业工资薪金及职工福利费扣除问题的通知

2009 年 1 月 4 日　国税函〔2009〕3 号

三、关于职工福利费扣除问题

《实施条例》第四十条规定的企业职工福利费，包括以下内容：

……

（二）为职工卫生保健、生活、住房、交通等所发放的各项补贴和非货币性福利，包括企业向职工发放的因公外地就医费用、未实行医疗统筹企业职工医疗费用、职工供养直系亲属医疗补贴、供暖费补贴、职工防暑降温费、职工困难补贴、救济费、职工食堂经费补贴、职工交通补贴等。

第 67 集
安家费可以计入职工福利费在税前扣除吗？

扫码看视频

T 公司 2020 年 8 月向职工甲支付安家费 1000 元。

提问：林老师，T 公司支付的职工安家费，可以计入职工福利费在企业所得税税前扣除吗？

林老师解答

T 公司支付的职工安家费，计入职工福利费，按规定可以在企业所得税税前扣除。

◇ 政策依据

国家税务总局关于企业工资薪金及职工福利费扣除问题的通知

2009 年 1 月 4 日　国税函〔2009〕3 号

三、关于职工福利费扣除问题

《实施条例》第四十条规定的企业职工福利费，包括以下内容：

……

（三）按照其他规定发生的其他职工福利费，包括丧葬补助费、抚恤费、安家费、探亲假路费等。

划重点　消痛点

通过第 66 集和第 67 集案例的学习，大家应重点掌握国税函〔2009〕3 号文件第三条规定的按规定计算限额在企业所得税税前扣除的职工福利费

第四章 成本、费用、损失

支出包括的各项内容。此外，大家也应掌握职工福利费支出税前扣除限额，根据《中华人民共和国企业所得税法实施条例》第四十条的规定，企业发生的职工福利费支出，不超过工资、薪金总额 14% 的部分，准予扣除。

第 68 集

工会经费代收凭据，可以作为税前扣除凭证吗？

W 公司 2020 年 10 月向税务机关申报缴纳工会经费，取得了工会经费代收凭据。

提问：林老师，W 公司取得的工会经费代收凭据，可以作为税前扣除凭证，依法在企业所得税税前扣除吗？

林老师解答

可以。

◇ 政策依据

国家税务总局关于税务机关代收工会经费企业所得税税前扣除凭据问题的公告

2011 年 5 月 11 日　国家税务总局公告 2011 年第 30 号

自 2010 年 1 月 1 日起，在委托税务机关代收工会经费的地区，企业拨缴的工会经费，也可凭合法、有效的工会经费代收凭据依法在税前扣除。

第 69 集

工会经费可以全额在税前扣除吗？

X 公司 2019 年缴纳工会经费 10 万元，取得了工会经费代收凭据，2019 年可以在企业所得税税前扣除的工资、薪金支出为 400 万元。

提问：林老师，X 公司 2019 年缴纳工会经费 10 万元，可以全额在 2019 年企业所得税税前扣除吗？

林老师解答

不可以全额税前扣除。

X 公司 2019 年缴纳工会经费 10 万元，按照 2019 年工资、薪金总额 400 万元 2% 的部分（8 万元），在 2019 年企业所得税税前扣除。

◇ 政策依据

中华人民共和国企业所得税法实施条例

中华人民共和国国务院令第 714 号修订

第四十一条　企业拨缴的工会经费，不超过工资、薪金总额 2% 的部分，准予扣除。

划重点　消痛点

假定本案例中，X 公司 2019 年会计账簿记载的工资、薪金支出为 450

第四章 成本、费用、损失

万元，该公司可以以 450 万元为基数计算工会经费税前扣除限额吗？

不可以。计算工会经费税前扣除限额的基数，应该是当年可在税前扣除的工资、薪金总额。

第 70 集
工程师继续教育费可以计入职工教育经费支出在税前扣除吗？

扫码看视频

U 公司 2020 年 9 月向职工乙支付工程师继续教育费 400 元。

提问：林老师，U 公司支付工程师继续教育费，可以计入职工教育经费支出在企业所得税税前扣除吗？

林老师解答

U 公司支付的工程师继续教育费，计入职工教育经费支出，按规定可以在企业所得税税前扣除。

◇ 政策依据

财政部　全国总工会　国家发改委　教育部
科技部　国防科工委　人事部　劳动保障部
国务院国资委　国家税务总局　全国工商联
关于印发《关于企业职工教育经费提取与使用管理的意见》的通知

2006 年 6 月 19 日　财建〔2006〕317 号

三、切实保证企业职工教育培训经费足额提取及合理使用

......

（五）企业职工教育培训经费列支范围包括：

......

4. 专业技术人员继续教育；
……

划重点　消痛点

根据财建〔2006〕317号文件第三条第（五）项的规定，除了专业技术人员继续教育之外，企业职工教育培训经费列支范围还包括：

（1）上岗和转岗培训；
（2）各类岗位适应性培训；
（3）岗位培训、职业技术等级培训、高技能人才培训；
（4）特种作业人员培训；
（5）企业组织的职工外送培训的经费支出；
（6）职工参加的职业技能鉴定、职业资格认证等经费支出；
（7）购置教学设备与设施；
（8）职工岗位自学成才奖励费用；
（9）职工教育培训管理费用；
（10）有关职工教育的其他开支。

第71集

软件生产企业职工培训费可以全额在税前扣除吗？

V公司是一家软件生产企业，2020年10月支付职工培训费2万元，V公司可以在职工教育经费中准确划分职工培训费支出。

提问：林老师，V公司支付的职工培训费，可以全额在2020年企业所得税税前扣除吗？

第四章 成本、费用、损失

林老师解答

V公司支付的职工培训费，可以全额在2020年企业所得税税前扣除。

◇ 政策依据

国家税务总局关于企业所得税执行中若干税务处理问题的通知

2009年4月21日　国税函〔2009〕202号

四、软件生产企业职工教育经费的税前扣除问题

软件生产企业发生的职工教育经费中的职工培训费用，根据《财政部、国家税务总局关于企业所得税若干优惠政策的通知》（财税〔2008〕1号）规定，可以全额在企业所得税前扣除。软件生产企业应准确划分职工教育经费中的职工培训费支出，对于不能准确划分的，以及准确划分后职工教育经费中扣除职工培训费用的余额，一律按照《实施条例》第四十二条规定的比例扣除。

划重点　消痛点

本案例中，软件企业V公司能准确划分职工教育经费中的职工培训费支出，是该职工培训费支出可以全额在税前扣除的前提条件。假定V公司2万元职工培训费支出中，有1万元不能准确划分，2020年发生的其他职工教育经费支出为10万元，当年可以税前扣除的工资、薪金总额为100万元，则：

（1）能准确划分的职工培训费支出1万元，可以全额在2020年企业所得税税前扣除；

（2）不能准确划分的职工培训费支出1万元加上其他职工教育经费支出10万元的合计数为11万元，不超过工资、薪金总额100万元的8%的部分（8万元），可以在2020年企业所得税税前扣除；超过部分3万元，在以后纳税年度结转扣除。

第72集 飞行训练费可以在税前扣除吗？

E公司是一家航空公司，2020年10月组织飞行员进行飞行训练，支付飞行训练费50万元。

E公司对飞行员养成费、飞行训练费、乘务训练费、空中保卫员训练费等空勤训练费用与员工的职工教育经费进行严格区分，独立核算。

提问：林老师，E公司发生的飞行训练费50万元，可以在2020年企业所得税税前扣除吗？

林老师解答

E公司支付的飞行训练费，可以作为运输成本在税前扣除。

◇ 政策依据

国家税务总局关于企业所得税若干问题的公告

2011年6月9日　国家税务总局公告2011年第34号

三、关于航空企业空勤训练费扣除问题

航空企业实际发生的飞行员养成费、飞行训练费、乘务训练费、空中保卫员训练费等空勤训练费用，根据《实施条例》第二十七条规定，可以作为航空企业运输成本在税前扣除。

第四章 成本、费用、损失

第 73 集
核电厂操纵员培养费可以在税前扣除吗?

F 公司是一家核电厂,2019 年对操纵员进行培养训练,支付培养费 100 万元。

F 公司对操纵员培养费与员工的职工教育经费进行严格区分,独立核算。

提问:林老师,F 公司发生的操纵员培养费 100 万元,可以在 2019 年企业所得税税前扣除吗?

林老师解答

F 公司支付的操纵员培养费,可以作为发电成本在税前扣除。

◇ 政策依据

国家税务总局关于企业所得税应纳税所得额若干问题的公告

2014 年 5 月 23 日　国家税务总局公告 2014 年第 29 号

四、核电厂操纵员培养费的企业所得税处理

核力发电企业为培养核电厂操纵员发生的培养费用,可作为企业的发电成本在税前扣除。企业应将核电厂操纵员培养费与员工的职工教育经费严格区分,单独核算,员工实际发生的职工教育经费支出不得计入核电厂操纵员培养费直接扣除。

划重点 消痛点

通过第72集和第73集案例的学习，应重点掌握以下两点：

（1）航空企业发生的飞行训练费、核力发电企业发生的核电厂操纵员培养费应计入成本（运输成本、发电成本）在税前扣除，而不是计入管理费用在税前扣除；

（2）航空企业发生的飞行训练费、核力发电企业发生的核电厂操纵员培养费，应注意独立核算。

第74集

基本社会保险费可以在税前扣除吗？

B公司2020年10月按照省级人民政府规定的范围和标准申报缴纳基本养老保险、基本医疗保险、失业保险、工伤保险、生育保险等基本社会保险费20万元，其中公司缴费部分为14万元、个人缴费部分为6万元。

提问：林老师，B公司缴纳的基本社会保险费20万元，可以全额在企业所得税税前扣除吗？

林老师解答

B公司缴纳的基本社会保险费，其中公司缴费部分14万元，可以在企业所得税税前扣除。

第四章　成本、费用、损失

◇ 政策依据

中华人民共和国企业所得税法实施条例

中华人民共和国国务院令第714号修订

第三十五条　企业依照国务院有关主管部门或者省级人民政府规定的范围和标准为职工缴纳的基本养老保险费、基本医疗保险费、失业保险费、工伤保险费、生育保险费等基本社会保险费和住房公积金，准予扣除。

划重点　消痛点

关于可在企业所得税税前扣除的基本社会保险费支出，应关注以下三点：

（1）基本社会保险费应依照国务院有关主管部门或者省级人民政府规定的范围和标准为职工缴纳；

（2）基本社会保险费支出包括基本养老保险费、基本医疗保险费、失业保险费、工伤保险费、生育保险费等；

（3）在企业所得税税前扣除的基本社会保险费支出是公司缴费部分，个人缴费部分由职工个人在申报缴纳综合所得个人所得税时扣除。

第75集

补充养老保险费可以在税前扣除吗？

Y公司2019年为全体员工缴纳补充养老保险60万元，2019年可以在企业所得税税前扣除的工资、薪金支出为1100万元。

提问：林老师，Y公司缴纳的补充养老保险，可以在2019年企业所得税税前扣除吗？

扫码看视频

林老师解答

　　Y公司2019年为全体员工缴纳补充养老保险60万元，按照2019年工资、薪金总额1100万元的5%，即55万元，在2019年企业所得税税前扣除；超过的部分5万元，不予扣除。

◇ 政策依据

中华人民共和国企业所得税法实施条例

中华人民共和国国务院令第714号修订

　　第三十五条 ……

　　企业为投资者或者职工支付的补充养老保险费、补充医疗保险费，在国务院财政、税务主管部门规定的范围和标准内，准予扣除。

财政部　国家税务总局关于补充养老保险费、补充医疗保险费有关企业所得税政策问题的通知

2009年6月2日　财税〔2009〕27号

　　自2008年1月1日起，企业根据国家有关政策规定，为在本企业任职或者受雇的全体员工支付的补充养老保险费、补充医疗保险费，分别在不超过职工工资总额5%标准内的部分，在计算应纳税所得额时准予扣除；超过的部分，不予扣除。

划重点　消痛点

　　关于可在企业所得税税前扣除的补充养老保险费、补充医疗保险费支出，应关注以下两点：

第四章 成本、费用、损失

（1）缴纳范围。可在税前扣除的补充养老保险费、补充医疗保险费支出，应是为在本企业任职或者受雇的全体员工支付的；如果是为个别员工支付的，则不能税前扣除。

（2）扣除标准。补充养老保险费、补充医疗保险费税前扣除标准，均为不超过职工工资总额 5% 标准内的部分。

第 76 集

住房公积金可以在税前扣除吗？

B 公司 2020 年 10 月按照省级人民政府规定的范围和标准申报缴纳住房公积金 6 万元，其中公司缴费部分为 3 万元、个人缴费部分为 3 万元。

提问：林老师，B 公司缴纳的住房公积金 6 万元，可以全额在企业所得税税前扣除吗？

林老师解答

B 公司缴纳的住房公积金，其中公司缴费部分 3 万元，可以在企业所得税税前扣除。

◇ 政策依据

中华人民共和国企业所得税法实施条例

中华人民共和国国务院令第 714 号修订

第三十五条　企业依照国务院有关主管部门或者省级人民政府规定的范围和标准为职工缴纳的基本养老保险费、基本医疗保险费、失业保险费、工伤保险费、生育保险费等基本社会保险费和住房公积金，准予扣除。

划重点 消痛点

关于可在企业所得税税前扣除的住房公积金支出，应关注以下两点：

（1）住房公积金应依照国务院有关主管部门或者省级人民政府规定的范围和标准为职工缴纳；

（2）在企业所得税税前扣除的住房公积金支出是公司缴费部分，个人缴费部分由职工个人在申报缴纳综合所得个人所得税时扣除。

第二节 广告费和业务宣传费

第 77 集
医药制造企业广告费可以全额在税前扣除吗?

扫码看视频

K 公司是一家医药制造企业,2019 年发生与生产经营活动有关的广告费 3500 万元,2019 年销售收入为 1 亿元。

提问:林老师,K 公司 2019 年发生的广告费 3500 万元,可以全额在企业所得税税前扣除吗?

林老师解答

K 公司 2019 年广告费支出 3500 万元,按照当年销售收入 1 亿元的 30% 即 3000 万元在 2019 年企业所得税税前扣除;超过部分 500 万元,在以后纳税年度结转扣除。

◇ 政策依据

财政部 税务总局关于广告费和业务宣传费支出税前扣除政策的通知

2017 年 5 月 27 日 财税〔2017〕41 号

一、对化妆品制造或销售、医药制造和饮料制造(不含酒类制造)企业发生的广告费和业务宣传费支出,不超过当年销售(营业)收入 30% 的部分,准予扣除;超过部分,准予在以后纳税年度结转扣除。

> **划重点　消痛点**

广告费和业务宣传费在企业所得税税前扣除计算标准，除了本案例 30% 的比例之外，还有以下两个比例：

（1）0。自 2016 年 1 月 1 日起至 2025 年 12 月 31 日止，烟草企业的烟草广告费和业务宣传费支出，一律不得在计算应纳税所得额时扣除〔政策依据：财税〔2017〕41 号文件第三条和第四条、《财政部　税务总局关于广告费和业务宣传费支出税前扣除有关事项的公告》（财政部　税务总局公告 2020 年第 43 号）第三条和第四条〕。

（2）15%。《中华人民共和国企业所得税法实施条例》第四十四条规定，企业发生的符合条件的广告费和业务宣传费支出，除国务院财政、税务主管部门另有规定外，不超过当年销售（营业）收入 15% 的部分，准予扣除；超过部分，准予在以后纳税年度结转扣除。

第三节 佣金和手续费支出

第78集 手续费支出可以在税前扣除吗？

扫码看视频

T公司是一家房地产开发企业，委托具备房地产经纪资质的U公司代理销售房产。T公司2019年通过银行转账方式向U公司支付代理手续费80万元（不含增值税），并取得了U公司开具的发票。T公司与U公司所签订销售代理服务协议确认的代理销售房产收入金额为1000万元。

T公司2019年确认销售收入总额为5000万元。

提问：林老师，T公司支付U公司手续费80万元，可以在2019年企业所得税税前扣除吗？

林老师解答

T公司支付U公司手续费80万元，按其与U公司所签订服务协议确认的代理销售房产收入金额1000万元的5%即50万元，在2019年企业所得税税前扣除；超过部分即30万元，不得扣除。

◇ 政策依据

财政部 国家税务总局关于企业手续费及佣金支出税前扣除政策的通知

2009年3月19日 财税〔2009〕29号

一、企业发生与生产经营有关的手续费及佣金支出，不超过以下规定计算限额以内的部分，准予扣除；超过部分，不得扣除。

……

2. 其他企业：按与具有合法经营资格中介服务机构或个人（不含交易双方及其雇员、代理人和代表人等）所签订服务协议或合同确认的收入金额的5%计算限额。

二、企业应与具有合法经营资格中介服务企业或个人签订代办协议或合同，并按国家有关规定支付手续费及佣金。除委托个人代理外，企业以现金等非转账方式支付的手续费及佣金不得在税前扣除。企业为发行权益性证券支付给有关证券承销机构的手续费及佣金不得在税前扣除。

划重点 消痛点

本案例中，T公司发生的手续费支出按5%计算税前扣除限额时，其计算基数不是2019年销售收入总额5000万元，而是T公司与U公司所签订销售代理服务协议确认的代理销售房产收入金额1000万元。

本案例中，若U公司为境外机构，根据《国家税务总局关于印发〈房地产开发经营业务企业所得税处理办法〉的通知》（国税发〔2009〕31号）第二十条规定，T公司委托境外机构销售开发产品的，其支付境外机构的销售费用（含佣金或手续费）不超过委托销售收入10%的部分，准予据实扣除。

第四章 成本、费用、损失

第 79 集
保险公司的佣金支出可以在税前扣除吗？

扫码看视频

V 公司是一家保险公司，委托具备保险经纪资质的 W 公司提供保险经纪服务。V 公司 2019 年通过银行转账方式向 W 公司支付佣金 3000 万元（不含增值税），并取得了 W 公司开具的发票。

V 公司 2019 年全部保费收入扣除退保金等后余额为 2 亿元。

提问：林老师，V 公司支付给 W 公司的佣金 3000 万元，可以在 2019 年企业所得税税前扣除吗？

林老师解答

V 公司支付佣金 3000 万元，低于 V 公司 2019 年全部保费收入扣除退保金等后余额 2 亿元的 18% 即 3600 万元，可以在 2019 年企业所得税税前全额扣除。

◇ 政策依据

财政部　税务总局关于保险企业手续费及佣金支出税前扣除政策的公告

2019 年 5 月 28 日　财政部　税务总局公告 2019 年第 72 号

一、保险企业发生与其经营活动有关的手续费及佣金支出，不超过当年全部保费收入扣除退保金等后余额的 18%（含本数）的部分，在计算应纳税所得额时准予扣除；超过部分，允许结转以后年度扣除。

二、保险企业发生的手续费及佣金支出税前扣除的其他事项继续按照《财政部　国家税务总局关于企业手续费及佣金支出税前扣除政策的通知》（财税〔2009〕29号）中第二条至第五条相关规定处理。保险企业应建立健全手续费及佣金的相关管理制度，并加强手续费及佣金结转扣除的台账管理。

> **划重点　消痛点**

本案例中，V公司发生的佣金支出按18%计算税前扣除限额时，其计算基数是当年全部保费收入扣除退保金等后余额，而不是当年全部保费收入。

第80集

保险经纪公司的佣金支出可以在税前扣除吗？

X公司是一家保险经纪公司，从事代理服务，主营业务收入为手续费、佣金，2019年取得保险佣金收入4000万元。

X公司2019年通过银行转账方式支付佣金3000万元（不含增值税），并取得了发票。

提问：林老师，X公司支付佣金3000万元，可以在2019年企业所得税税前扣除吗？

> **林老师解答**

可以。

第四章　成本、费用、损失

❖ 政策依据

国家税务总局关于企业所得税应纳税所得额
若干税务处理问题的公告

2012年4月24日　国家税务总局公告2012年第15号

三、关于从事代理服务企业营业成本税前扣除问题

从事代理服务、主营业务收入为手续费、佣金的企业（如证券、期货、保险代理等企业），其为取得该类收入而实际发生的营业成本（包括手续费及佣金支出），准予在企业所得税前据实扣除。

划重点　消痛点

本案例中，X公司发生的佣金支出，与前述第79集案例中V公司发生的佣金支出，税前扣除时存在以下差异：

（1）X公司发生的佣金支出允许税前据实扣除；

（2）V公司发生的佣金支出按规定比例（18%）计算扣除。

第81集

电信企业的佣金支出可以在税前扣除吗？

扫码看视频

　　Y公司是一家电信企业，2019年通过银行转账方式向经纪人、代办商支付佣金5000万元（不含增值税），并取得了发票。Y公司2019年收入总额为40亿元。

　　提问：林老师，Y公司支付佣金5000万元，可以在2019年企业所得税税前扣除吗？

117

> **林老师解答**

　　Y 公司支付佣金 5000 万元，低于 Y 公司 2019 年收入总额 40 亿元的 5% 即 2 亿元，可以在 2019 年企业所得税税前全额扣除。

　　◇ 政策依据

国家税务总局关于企业所得税应纳税所得额
若干税务处理问题的公告

　　2012 年 4 月 24 日　　国家税务总局公告 2012 年第 15 号

　　四、关于电信企业手续费及佣金支出税前扣除问题

　　电信企业在发展客户、拓展业务等过程中（如委托销售电话入网卡、电话充值卡等），需向经纪人、代办商支付手续费及佣金的，其实际发生的相关手续费及佣金支出，不超过企业当年收入总额 5% 的部分，准予在企业所得税前据实扣除。

> **划重点　消痛点**

　　本案例中，Y 公司发生的佣金支出按 5% 计算税前扣除限额时，其计算基数是当年收入总额。

第四节　保险费

第 82 集

人身意外保险费可以在税前扣除吗？

2020年10月Z公司员工因公出差乘坐飞机，购买人身意外保险费支出80元。

提问： 林老师，Z公司支付的人身意外保险费支出，可以在2020年企业所得税税前扣除吗？

林老师解答

可以。

◇ 政策依据

国家税务总局关于企业所得税有关问题的公告

2016年12月9日　国家税务总局公告2016年第80号

一、关于企业差旅费中人身意外保险费支出税前扣除问题

企业职工因公出差乘坐交通工具发生的人身意外保险费支出，准予企业在计算应纳税所得额时扣除。

划重点 消痛点

关于可在企业所得税税前扣除的人身意外保险费支出，应关注以下两点：

（1）该支出是本企业职工发生的才能税前扣除，非本企业职工发生的不能税前扣除；

（2）该支出是职工因公出差乘坐交通工具发生的才能税前扣除，职工非因公出差（比如个人旅行）乘坐交通工具发生的不能税前扣除。

延伸案例

雇主责任险可以在税前扣除吗？

Z公司2020年10月购买了雇主责任险。

提问：林老师，Z公司支付的雇主责任险支出，可以在2020年企业所得税税前扣除吗？

林老师解答

可以。

◇ 政策依据

国家税务总局关于责任保险费企业所得税税前扣除有关问题的公告

2018年10月31日　国家税务总局公告2018年第52号

企业参加雇主责任险、公众责任险等责任保险，按照规定缴纳的保险费，准予在企业所得税税前扣除。

本公告适用于2018年度及以后年度企业所得税汇算清缴。

第四章 成本、费用、损失

第 83 集 厂房财产保险费可以在税前扣除吗？

A 公司 2020 年 10 月为自有厂房购买财产保险，按照规定缴纳保险费 2 万元。

提问：林老师，A 公司缴纳的厂房财产保险费 2 万元，可以在企业所得税税前扣除吗？

林老师解答

可以。

◇ 政策依据

中华人民共和国企业所得税法实施条例

中华人民共和国国务院令第 714 号修订

第四十六条　企业参加财产保险，按照规定缴纳的保险费，准予扣除。

划重点　消痛点

本案例中，假定 A 公司为自有设备（已投入使用）购买财产保险，按照规定缴纳保险费 2 万元，可以在企业所得税税前扣除吗？

该保险费支出属于与取得收入有关的支出，符合企业所得税税前扣除的真实性原则，可以税前扣除。

第五节 业务招待费

第84集
计算业务招待费扣除限额时,销售收入包括视同销售收入吗?

G公司2020年10月将自产产品发给职工,在申报缴纳企业所得税时,应视同销售收入。

提问：林老师,G公司在计算业务招待费扣除限额时,销售收入包括视同销售收入吗?

林老师解答

G公司在计算业务招待费扣除限额时,销售收入包括视同销售收入。

◇ 政策依据

国家税务总局关于企业所得税执行中
若干税务处理问题的通知

2009年4月21日　国税函〔2009〕202号

一、关于销售（营业）收入基数的确定问题

企业在计算业务招待费、广告费和业务宣传费等费用扣除限额时,其销售（营业）收入额应包括《实施条例》第二十五条规定的视同销售（营业）收入额。

第四章 成本、费用、损失

中华人民共和国企业所得税法实施条例
中华人民共和国国务院令第714号修订

第二十五条 企业发生非货币性资产交换,以及将货物、财产、劳务用于捐赠、偿债、赞助、集资、广告、样品、职工福利或者利润分配等用途的,应当视同销售货物、转让财产或者提供劳务,但国务院财政、税务主管部门另有规定的除外。

知识链接

什么是业务招待费税前扣除标准?

《中华人民共和国企业所得税法实施条例》第四十三条规定,企业发生的与生产经营活动有关的业务招待费支出,按照发生额的60%扣除,但最高不得超过当年销售(营业)收入的5‰。

第85集
从事股权投资业务的企业从被投资企业所分配的股息、红利,可以作为计算业务招待费扣除限额的基数吗?

扫码看视频

H公司是一家从事股权投资业务的创业投资企业,2020年10月从被投资企业I公司取得分红100万元。

提问:林老师,H公司在计算业务招待费扣除限额时,从被投资企业I公司取得分红100万元可以计入计算基数吗?

> **林老师解答**

可以。

◇ 政策依据

**国家税务总局关于贯彻落实企业所得税法
若干税收问题的通知**

2010年2月22日　国税函〔2010〕79号

八、从事股权投资业务的企业业务招待费计算问题

对从事股权投资业务的企业（包括集团公司总部、创业投资企业等），其从被投资企业所分配的股息、红利以及股权转让收入，可以按规定的比例计算业务招待费扣除限额。

> **划重点　消痛点**

从事股权投资业务的企业从被投资企业所分配的股息、红利，属于《中华人民共和国企业所得税法》第六条第（四）项所称股息、红利等权益性投资收益；取得的股权转让收入，属于《中华人民共和国企业所得税法》第六条第（三）项所称转让财产收入。转让财产收入和股息、红利等权益性投资收益，属于《中华人民共和国企业所得税法》第六条规定的"收入总额"。

请注意，国税函〔2010〕79号文件第八条的规定，仅适用于从事股权投资业务的企业，不适用于其他企业。

第六节　环境保护、生态恢复专项资金

第86集　计提环境保护专项资金可以在税前扣除吗？

L公司是一家工业企业，2019年依照法律、行政法规有关规定提取环境保护专项资金60万元，提取后未改变用途。

提问：林老师，L公司提取的环境保护专项资金60万元，可以在2019年企业所得税税前扣除吗？

林老师解答

可以。

◇ **政策依据**

中华人民共和国企业所得税法实施条例

中华人民共和国国务院令第714号修订

第四十五条　企业依照法律、行政法规有关规定提取的用于环境保护、生态恢复等方面的专项资金，准予扣除。上述专项资金提取后改变用途的，不得扣除。

> 划重点 消痛点

本案例中，假定2020年L公司从2019年提取的环境保护专项资金中支付20万元用于环境保护，这20万元支出可以在2020年企业所得税税前扣除吗？

不可以。L公司2020年支付的环境保护费用20万元于2019年预提时已在2019年企业所得税税前扣除，在2020年不能重复扣除。

第七节　租赁费

第 87 集

汽车租赁费可以在税前扣除吗?

M公司因生产经营活动的需要，2019年11月1日租入汽车，每月租金5000元（不含增值税），租期一年，支付租金6万元，并取得了租赁发票。

提问：林老师，M公司支付的汽车租赁费6万元，可以在企业所得税税前扣除吗？

林老师解答

M公司支付的汽车租赁费6万元，按照租赁期限均匀扣除，其中，2019年11月至12月扣除金额为1万元、2020年1月至10月扣除金额为5万元。

◇ **政策依据**

中华人民共和国企业所得税法实施条例

中华人民共和国国务院令第714号修订

第四十七条　企业根据生产经营活动的需要租入固定资产支付的租赁费，按照以下方法扣除：

（一）以经营租赁方式租入固定资产发生的租赁费支出，按照租赁期限均匀扣除；

……

> **划重点 消痛点**

本案例中,假定 M 公司以融资租赁方式租入汽车,则其发生的租赁费支出,按照规定构成融资租入汽车价值的部分应当提取折旧费用,分期扣除。

第八节 劳动保护支出

第 88 集

购买口罩支出可以在税前扣除吗？

扫码看视频

N公司因复工复产的需要，2020年3月购买用于预防新冠肺炎的口罩并发放给职工，已取得了发票。

提问：林老师，N公司购买口罩支出，可以在企业所得税税前扣除吗？

林老师解答

可以。

◇ 政策依据

中华人民共和国企业所得税法实施条例

中华人民共和国国务院令第714号修订

第四十八条 企业发生的合理的劳动保护支出，准予扣除。

划重点 消痛点

可在企业所得税税前扣除的劳动保护支出和职工福利费支出，扣除时存在以下差异：

（1）劳动保护支出允许据实扣除；

（2）职工福利费支出，不超过工资、薪金总额14%的部分，准予扣除。

第九节 管理费

第 89 集

企业之间支付的管理费,可以在税前扣除吗?

M 公司 2020 年 10 月向 N 公司支付管理费 25 万元。

提问:林老师,M 公司支付 N 公司管理费,可以在企业所得税税前扣除吗?

林老师解答

不可以。

◇ 政策依据

中华人民共和国企业所得税法实施条例

中华人民共和国国务院令第 714 号修订

第四十九条 企业之间支付的管理费、企业内营业机构之间支付的租金和特许权使用费,以及非银行企业内营业机构之间支付的利息,不得扣除。

第四章 成本、费用、损失

延伸案例

子公司向母公司支付的管理费，可以在税前扣除吗？

乙公司是甲公司的子公司。2020年甲公司以管理费形式向乙公司提取费用，乙公司支付甲公司管理费10万元。

提问：林老师，乙公司支付甲公司管理费，可以在企业所得税税前扣除吗？

林老师解答

不可以。

◇政策依据

国家税务总局关于母子公司间提供服务支付费用有关企业所得税处理问题的通知

2008年8月14日 国税发〔2008〕86号

四、母公司以管理费形式向子公司提取费用，子公司因此支付给母公司的管理费，不得在税前扣除。

第 90 集

农村信用社省级联合社收取的服务费可以在税前扣除吗?

G 信用社是一家县级农村信用社,省级联合社 2020 年 3 月按《国家税务总局关于农村信用社省级联合社收取服务费有关企业所得税税务处理问题的通知》(国税函〔2010〕80 号)的规定向 G 信用社分摊收取 2019 年服务费 50 万元。

提问:林老师,G 信用社支付给省级联合社的服务费 50 万元,可以在 2019 年企业所得税税前扣除吗?

林老师解答

可以。

◇ 政策依据

**国家税务总局关于农村信用社省级联合社
收取服务费有关企业所得税税务处理问题的通知**

2010 年 2 月 22 日 国税函〔2010〕80 号

一、省联社每年度为履行其职能所发生的各项费用支出,包括人员费用、办公费用、差旅费、利息支出、研究与开发费以及固定资产折旧费、无形资产摊销费等,应统一归集,作为其基层社共同发生的费用,按合理比例分摊后由基层社税前扣除。

上款所指每年度固定资产折旧费、无形资产摊销费是指省联社购置的固定资产和无形资产按照税法规定每年度应提取的折旧额或摊销额。

二、省联社发生的本年度各项费用,在分摊时,应根据本年度实际发生数,按照以下公式,分摊给其各基层社。

第四章 成本、费用、损失

> 各基层社本年度应分摊的费用＝省联社本年度发生的各项费用×本年度该基层社营业收入／本年度各基层社营业总收入
>
> 省联社由于特殊情况需要改变上述分摊方法的，由联社提出申请，经省级税务机关确认后执行。
>
> 省联社分摊给各基层社的上述费用，在按季或按月申报预缴所得税时，可以按季或按月计算扣除，年度汇算。

划重点　消痛点

省级联合社自身从事其他业务取得收入所发生的相应费用，应该单独核算，不能作为基层社共同发生的费用进行分摊。

第十节 维简费、安全生产费

第 91 集

维简费支出可以在税前扣除吗?

戊公司是一家木材建材生产企业,2020年10月支付维简费5000元,该维简费属于收益性支出。

提问: 林老师,戊公司实际发生的维简费支出5000元,可以在2020年企业所得税税前扣除吗?

林老师解答

可以。

◇ **政策依据**

国家税务总局关于企业维简费支出企业所得税税前扣除问题的公告

2013年11月28日　国家税务总局公告2013年第67号

一、企业实际发生的维简费支出,属于收益性支出的,可作为当期费用税前扣除;属于资本性支出的,应计入有关资产成本,并按企业所得税法规定计提折旧或摊销费用在税前扣除。

第四章 成本、费用、损失

划重点 消痛点

本案例中,假定戊公司 2020 年预提维简费 5000 元,但未实际支出,则该维简费不能在 2020 年企业所得税税前扣除。

温馨提醒

煤矿企业实际发生的维简费支出,按照《国家税务总局关于煤矿企业维简费和高危行业企业安全生产费用企业所得税税前扣除问题的公告》(国家税务总局公告 2011 年第 26 号)执行,不执行国家税务总局公告 2013 年第 67 号的规定。

第 92 集 安全生产费用可以在税前扣除吗?

己公司是一家长途客运企业,2020 年 10 月支付安全生产费用 2 万元,该安全生产费用属于收益性支出。

提问:林老师,己公司实际发生的安全生产费用 2 万元,可以在 2020 年企业所得税税前扣除吗?

林老师解答

可以。

◇政策依据

国家税务总局关于煤矿企业维简费和高危行业企业安全生产费用企业所得税税前扣除问题的公告

2011年3月31日　国家税务总局公告2011年第26号

一、煤矿企业实际发生的维简费支出和高危行业企业实际发生的安全生产费用支出,属于收益性支出的,可直接作为当期费用在税前扣除;属于资本性支出的,应计入有关资产成本,并按企业所得税法规定计提折旧或摊销费用在税前扣除。企业按照有关规定预提的维简费和安全生产费用,不得在税前扣除。

划重点　消痛点

请注意,国家税务总局公告2011年第26号规定可税前扣除安全生产费用的企业,仅限于高危行业企业。

第十一节　财务费用

第93集
银行借款利息支出可以在税前扣除吗？

C公司因生产经营需要，2020年10月向商业银行借入流动资金借款，向该银行支付借款利息10万元，该利息支出不需要资本化。C公司注册资本已经全部到位。

提问：林老师，C公司支付的借款利息10万元，可以在2020年企业所得税税前扣除吗？

林老师解答

可以。

◇ 政策依据

中华人民共和国企业所得税法实施条例

中华人民共和国国务院令第714号修订

第三十七条　企业在生产经营活动中发生的合理的不需要资本化的借款费用，准予扣除。

……

第三十八条　企业在生产经营活动中发生的下列利息支出，准予扣除：

（一）非金融企业向金融企业借款的利息支出、金融企业的各项存款利息支出和同业拆借利息支出、企业经批准发行债券的利息支出；

……

划重点　消痛点

本案例中，假定 C 公司注册资本未按照章程规定全部到位，根据《国家税务总局关于企业投资者投资未到位而发生的利息支出企业所得税前扣除问题的批复》（国税函〔2009〕312号）的规定，该公司对外借款所发生的利息，相当于投资者实缴资本额与在规定期限内应缴资本额的差额应计付的利息，其不属于企业合理的支出，应由企业投资者负担，不得在计算企业应纳税所得额时扣除。

第94集

向自然人股东借款的利息支出，可以在税前扣除吗？

D 公司为一家工业企业，因生产经营需要，2020年10月向自然人股东甲先生借入流动资金借款1000万元，按照金融机构同期同类贷款利率向甲先生支付借款利息5万元，并取得了利息发票。该利息支出不需要资本化。D 公司注册资本2000万元已经全部到位，其中甲先生出资1000万元。

提问：林老师，D 公司支付甲先生借款利息5万元，可以在2020年企业所得税税前扣除吗？

第四章 成本、费用、损失

林老师解答

D 公司向自然人股东甲先生借款 1000 万元与甲先生出资额 1000 万元的比例为 1：1，低于 2：1，D 公司支付甲先生的借款利息 5 万元，可以在 2020 年企业所得税税前扣除。

◇ 政策依据

国家税务总局关于企业向自然人借款的利息支出企业所得税税前扣除问题的通知

2009 年 12 月 31 日　国税函〔2009〕777 号

一、企业向股东或其他与企业有关联关系的自然人借款的利息支出，应根据《中华人民共和国企业所得税法》（以下简称税法）第四十六条及《财政部、国家税务总局关于企业关联方利息支出税前扣除标准有关税收政策问题的通知》（财税〔2008〕121 号）规定的条件，计算企业所得税扣除额。

中华人民共和国企业所得税法

中华人民共和国主席令第二十三号修正

第四十六条　企业从其关联方接受的债权性投资与权益性投资的比例超过规定标准而发生的利息支出，不得在计算应纳税所得额时扣除。

财政部　国家税务总局关于企业关联方利息支出税前扣除标准有关税收政策问题的通知

2008 年 9 月 19 日　财税〔2008〕121 号

一、在计算应纳税所得额时，企业实际支付给关联方的利息支出，不超过以下规定比例和税法及其实施条例有关规定计算的部分，准予扣除，超过的部分不得在发生当期和以后年度扣除。

企业实际支付给关联方的利息支出，除符合本通知第二条规定外，其接受关联方债权性投资与其权益性投资比例为：

（一）金融企业，为 5∶1；

（二）其他企业，为 2∶1。

划重点　消痛点

本案例中，假定 D 公司将 1000 万元借款专用于建设厂房，该厂房的建设期 15 个月，则该借款在这 15 个月建设期间发生的利息支出，应作为资本性支出计入厂房的计税成本，并按规定计提折旧在税前扣除。

第 95 集

债券发行费用可以在税前扣除吗？

E 公司 2020 年 10 月为筹集生产经营资金发行债券，支付手续费等发行费用 50 万元，该费用支出不需要资本化。

提问：林老师，E 公司支付的债券发行费用，可以在 2020 年企业所得税税前扣除吗？

林老师解答

E 公司支付的债券发行费用，不符合资本化条件，应作为财务费用在 2020 年企业所得税税前扣除。

第四章 成本、费用、损失

◇ 政策依据

国家税务总局关于企业所得税应纳税所得额
若干税务处理问题的公告

2012年4月24日 国家税务总局公告2012年第15号

二、关于企业融资费用支出税前扣除问题

企业通过发行债券、取得贷款、吸收保户储金等方式融资而发生的合理的费用支出，符合资本化条件的，应计入相关资产成本；不符合资本化条件的，应作为财务费用，准予在企业所得税前据实扣除。

知识链接

什么是债券发行费用？

债券发行费用，是指发行者支付给有关债券发行中介机构和服务机构的费用。

第96集

汇兑损失可以在税前扣除吗？

扫码看视频

F公司为一家外贸公司，2020年10月收到此前出口产品应收账款40万美元，结汇为人民币时形成了汇兑损失人民币420元。

提问：林老师，F公司发生的汇兑损失人民币420元，可以在2020年企业所得税税前扣除吗？

> **林老师解答**

可以。

◇ 政策依据

中华人民共和国企业所得税法实施条例

中华人民共和国国务院令第 714 号修订

第三十九条 企业在货币交易中,以及纳税年度终了时将人民币以外的货币性资产、负债按照期末即期人民币汇率中间价折算为人民币时产生的汇兑损失,除已经计入有关资产成本以及与向所有者进行利润分配相关的部分外,准予扣除。

划重点 消痛点

本案例中,假定 F 公司执行小企业会计准则,结汇为人民币时形成了汇兑收益 600 元,则这 600 元汇兑收益在填写年度企业所得税汇算清缴申报表时,应在"一般企业收入明细表"中的"汇兑收益"填报。

第十二节　捐赠支出

第 97 集
公益性捐赠可以在税前扣除吗？

A 公司 2019 年通过县政府向医院捐赠 2 万元，取得了公益性捐赠票据。A 公司 2019 年会计利润为 –10 万元。

A 公司 2020 年通过县政府向医院捐赠 3 万元，取得了公益性捐赠票据。A 公司 2020 年会计利润为 50 万元。

提问：林老师，A 公司通过县政府向医院捐赠，可以在企业所得税税前扣除吗？

林老师解答

A 公司 2019 年公益性捐赠支出 2 万元，因为 2019 年会计利润为 –10 万元，低于零，所以捐赠支出 2 万元不能在 2019 年企业所得税税前扣除，该捐赠支出可以结转 2020 年、2021 年、2022 年在计算应纳税所得额时扣除。

A 公司 2020 年公益性捐赠支出 3 万元，加上 2019 年结转的捐赠支出 2 万元，合计 5 万元，低于 2020 年度会计利润 50 万元的 12%，即 6 万元，公益性捐赠支出 5 万元可以在 2020 年企业所得税税前扣除。

溪发说税之企业所得税篇

◇政策依据

财政部 税务总局关于公益性捐赠支出企业所得税税前结转扣除有关政策的通知

2018年2月11日 财税〔2018〕15号

一、企业通过公益性社会组织或者县级（含县级）以上人民政府及其组成部门和直属机构，用于慈善活动、公益事业的捐赠支出，在年度利润总额12%以内的部分，准予在计算应纳税所得额时扣除；超过年度利润总额12%的部分，准予结转以后三年内在计算应纳税所得额时扣除。

本条所称公益性社会组织，应当依法取得公益性捐赠税前扣除资格。

本条所称年度利润总额，是指企业依照国家统一会计制度的规定计算的大于零的数额。

二、企业当年发生及以前年度结转的公益性捐赠支出，准予在当年税前扣除的部分，不能超过企业当年年度利润总额的12%。

第98集
新冠肺炎疫情防控捐赠支出可以在税前扣除吗？

P公司2020年2月通过公益性社会组织捐赠用于应对新型冠状病毒感染的肺炎疫情的现金20万元，取得了公益性捐赠票据。

提问：林老师，P公司支持新冠肺炎疫情防控捐赠支出20万元，可以在2020年企业所得税税前全额扣除吗？

扫码看视频

第四章 成本、费用、损失

林老师解答

可以。

◇ 政策依据

财政部 税务总局关于支持新型冠状病毒感染的肺炎疫情防控有关捐赠税收政策的公告

2020年2月6日 财政部 税务总局公告2020年第9号

一、企业和个人通过公益性社会组织或者县级以上人民政府及其部门等国家机关,捐赠用于应对新型冠状病毒感染的肺炎疫情的现金和物品,允许在计算应纳税所得额时全额扣除。

第99集
直接捐赠用于应对新冠肺炎疫情的口罩,可以在税前扣除吗?

Q公司2020年2月直接向承担疫情防治任务的医院捐赠用于应对新冠肺炎疫情的口罩,取得了该医院开具的捐赠接收函。

提问:林老师,Q公司直接捐赠用于应对新冠肺炎疫情的口罩,可以在2020年企业所得税税前全额扣除吗?

扫码看视频

林老师解答

可以。

145

> ◇ 政策依据
>
> **财政部　税务总局关于支持新型冠状病毒感染的
> 肺炎疫情防控有关捐赠税收政策的公告**
>
> 2020年2月6日　财政部　税务总局公告2020年第9号
>
> 　　二、企业和个人直接向承担疫情防治任务的医院捐赠用于应对新型冠状病毒感染的肺炎疫情的物品，允许在计算应纳税所得额时全额扣除。
>
> 　　捐赠人凭承担疫情防治任务的医院开具的捐赠接收函办理税前扣除事宜。

第 100 集

对目标脱贫地区扶贫捐赠，可以在税前扣除吗？

　　R公司2020年10月通过县政府向目标脱贫地区扶贫捐赠支出10万元，取得了公益性捐赠票据。

　　提问：林老师，R公司对目标脱贫地区扶贫捐赠10万元，可以在2020年企业所得税税前全额扣除吗？

林老师解答

　　可以。

第四章 成本、费用、损失

◇ 政策依据

财政部 税务总局 国务院扶贫办
关于企业扶贫捐赠所得税税前扣除政策的公告

2019年4月2日 财政部 税务总局 国务院扶贫办公告
2019年第49号

一、自2019年1月1日至2022年12月31日,企业通过公益性社会组织或者县级(含县级)以上人民政府及其组成部门和直属机构,用于目标脱贫地区的扶贫捐赠支出,准予在计算企业所得税应纳税所得额时据实扣除。在政策执行期限内,目标脱贫地区实现脱贫的,可继续适用上述政策。

"目标脱贫地区"包括832个国家扶贫开发工作重点县、集中连片特困地区县(新疆阿克苏地区6县1市享受片区政策)和建档立卡贫困村。

第 101 集
注册资金捐赠人的捐赠,可以在税前扣除吗?

扫码看视频

S公司是乙公益性社会组织登记成立时的注册资金捐赠人,该公益性社会组织于2020年首次取得公益性捐赠税前扣除资格。S公司于乙公益性社会组织登记成立时2020年5月向其捐赠注册资金20万元,取得了公益性捐赠票据。S公司2020年的会计利润为300万元。

提问:林老师,S公司2020年向乙公益性社会组织捐赠注册资金20万元,可以在2020年企业所得税税前扣除吗?

> **林老师解答**

　　乙公益性社会组织于 2020 年首次取得公益性捐赠税前扣除资格，S 公司在 2020 年向乙公益性社会组织捐赠注册资金 20 万元，低于 S 公司 2020 年度会计利润 300 万元的 12%，可以在计算 2020 年应纳税所得额时扣除。

◇ 政策依据

**财政部　税务总局　民政部
关于公益性捐赠税前扣除有关事项的公告**

2020 年 5 月 13 日　财政部公告 2020 年第 27 号

　　十二、公益性社会组织登记成立时的注册资金捐赠人，在该公益性社会组织首次取得公益性捐赠税前扣除资格的当年进行所得税汇算清缴时，可按规定对其注册资金捐赠额进行税前扣除。

中华人民共和国企业所得税法实施条例

中华人民共和国国务院令第 714 号修订

　　第五十三条　企业当年发生以及以前年度结转的公益性捐赠支出，不超过年度利润总额 12% 的部分，准予扣除。

　　年度利润总额，是指企业依照国家统一会计制度的规定计算的年度会计利润。

> **划重点　消痛点**

　　通过学习第 97 集至第 101 集案例，当企业发生的公益性捐赠支出在税前扣除时，应关注以下四点：

（1）捐赠途径。除了直接向承担疫情防治任务的医院捐赠用于应对新冠肺炎疫情的物品之外，企业公益性捐赠应通过公益性社会组织或者县级（含县级）以上人民政府及其组成部门和直属机构进行。

（2）扣除比例。企业发生的公益性捐赠支出，其税前扣除比例有两个：①全额扣除，比如应对新冠肺炎疫情捐赠支出、用于目标脱贫地区的扶贫捐赠支出等；②按照年度利润总额12%的比例计算扣除。

（3）计算基数。企业发生的公益性捐赠支出，按照12%的比例计算扣除的，其计算基数为企业的年度利润总额（指企业依照国家统一会计制度的规定计算的年度会计利润）。

（4）结转扣除（指按照12%的比例计算扣除的捐赠支出）。企业发生的公益性捐赠支出，超过年度利润总额12%的部分，准予结转以后3年内在计算应纳税所得额时扣除。

第十三节 资产损失税前扣除

第 102 集
坏账损失可以在税前扣除吗？

H公司2018年6月向I公司销售商品100万元，I公司支付了货款40万元，剩余的60万元形成了H公司对I公司的应收账款。

I公司2020年10月依法办妥营业执照注销登记手续，H公司对I公司的应收账款仅收回10万元，因此形成了坏账损失50万元。

提问：林老师，H公司发生的坏账损失50万元，可以在2020年企业所得税税前扣除吗？

林老师解答

可以。

◇ **政策依据**

财政部　国家税务总局
关于企业资产损失税前扣除政策的通知

2009年4月16日　财税〔2009〕57号

四、企业除贷款类债权外的应收、预付账款符合下列条件之一的，减除可收回金额后确认的无法收回的应收、预付款项，可以作为坏账损

第四章 成本、费用、损失

失在计算应纳税所得额时扣除：

（一）债务人依法宣告破产、关闭、解散、被撤销，或者被依法注销、吊销营业执照，其清算财产不足清偿的；

……

划重点 消痛点

可在企业所得税税前扣除的企业除贷款类债权外的应收、预付账款发生的坏账损失，除本案例中"政策依据"列明的财税〔2009〕57号文件第四条第（一）项规定的条件之外，符合下列条件之一的，也可以税前扣除：①债务人死亡，或者依法被宣告失踪、死亡，其财产或者遗产不足清偿的；②债务人逾期3年以上未清偿，且有确凿证据证明已无力清偿债务的；③与债务人达成债务重组协议或法院批准破产重整计划后，无法追偿的；④因自然灾害、战争等不可抗力导致无法收回的；⑤国务院财政、税务主管部门规定的其他条件。

知识链接

什么是资产损失？

财税〔2009〕57号文件第一条规定，资产损失，是指企业在生产经营活动中实际发生的、与取得应税收入有关的资产损失，包括现金损失，存款损失，坏账损失，贷款损失，股权投资损失，固定资产和存货的盘亏、毁损、报废、被盗损失，自然灾害等不可抗力因素造成的损失以及其他损失。

第 103 集

原材料盘亏损失可以在税前扣除吗?

J公司是一家工业企业,增值税一般纳税人,2019年12月对库存原材料进行盘点,发现原材料盘亏,其计税成本为200万元,不得从增值税销项税额中抵扣的进项税额为32万元,应向责任人追偿5万元。

提问:林老师,J公司原材料盘亏损失,可以在2019年企业所得税税前扣除吗?

林老师解答

J公司原材料盘亏损失,按照其计税成本200万元加上不得从增值税销项税额中抵扣的进项税额32万元,扣除应向责任人追偿5万元后的余额227万元计算,可以在2019年企业所得税税前扣除。

◇ 政策依据

财政部 国家税务总局关于企业资产损失税前扣除政策的通知

2009年4月16日 财税〔2009〕57号

七、对企业盘亏的固定资产或存货,以该固定资产的账面净值或存货的成本减除责任人赔偿后的余额,作为固定资产或存货盘亏损失在计算应纳税所得额时扣除。

……

十、企业因存货盘亏、毁损、报废、被盗等原因不得从增值税销项税额中抵扣的进项税额,可以与存货损失一起在计算应纳税所得额时扣除。

第四章 成本、费用、损失

划重点 消痛点

本案例中，J公司原材料盘亏损失，应依据以下证据材料确认：
（1）存货计税成本确定依据；
（2）企业内部有关责任认定、责任人赔偿说明和内部核批文件；
（3）存货盘点表；
（4）存货保管人对于盘亏的情况说明。

第 104 集

车辆被盗损失可以在税前扣除吗？

K公司因管理不善，2020年10月一辆汽车被盗，该车辆账面净值10万元，不得从增值税销项税额中抵扣的进项税额1.6万元，保险赔款1万元，应向责任人追偿1万元。

提问：林老师，K公司汽车被盗损失，可以在2020年企业所得税税前扣除吗？

扫码看视频

林老师解答

K公司汽车被盗损失，按照其账面净值10万元加上不得从增值税销项税额中抵扣的进项税额1.6万元，减除保险赔款1万元和责任人赔偿1万元后的余额9.6万元计算，可以在2020年企业所得税税前扣除。

◇ 政策依据

财政部　国家税务总局关于企业资产损失税前扣除政策的通知

2009年4月16日　财税〔2009〕57号

九、对企业被盗的固定资产或存货，以该固定资产的账面净值或存货的成本减除保险赔款和责任人赔偿后的余额，作为固定资产或存货被盗损失在计算应纳税所得额时扣除。

中华人民共和国增值税暂行条例

2017年11月19日　中华人民共和国国务院令第691号修改

第十条　下列项目的进项税额不得从销项税额中抵扣：

……

（二）非正常损失的购进货物，以及相关的劳务和交通运输服务；

……

中华人民共和国增值税暂行条例实施细则

2011年10月28日　财政部令第65号修改

第二十四条　条例第十条第（二）项所称非正常损失，是指因管理不善造成被盗、丢失、霉烂变质的损失。

划重点　消痛点

本案例中，K公司汽车被盗损失，应依据以下证据材料确认：
（1）固定资产计税基础相关资料；
（2）公安机关的报案记录，公安机关立案、破案和结案的证明材料；
（3）涉及责任赔偿的，应有赔偿责任的认定及赔偿情况的说明等。

第四章 成本、费用、损失

第 105 集 股权投资损失可以在税前扣除吗？

L 公司于 2015 年 6 月向 M 公司投资 200 万元，占 M 公司注册资本的 40%。

M 公司 2020 年 10 月依法办妥营业执照注销登记手续，L 公司收回对 M 公司投资额 50 万元，因此形成了 150 万元股权投资损失。

提问：林老师，L 公司股权投资损失 150 万元，可以一次性在 2020 年企业所得税税前扣除吗？

林老师解答

可以。

◇ 政策依据

国家税务总局关于企业股权
投资损失所得税处理问题的公告

2010 年 7 月 28 日　国家税务总局公告 2010 年第 6 号

一、企业对外进行权益性（以下简称股权）投资所发生的损失，在经确认的损失发生年度，作为企业损失在计算企业应纳税所得额时一次性扣除。

财政部　国家税务总局
关于企业资产损失税前扣除政策的通知

2009 年 4 月 16 日　财税〔2009〕57 号

六、企业的股权投资符合下列条件之一的，减除可收回金额后确认的无法收回的股权投资，可以作为股权投资损失在计算应纳税所得额时扣除：

（一）被投资方依法宣告破产、关闭、解散、被撤销，或者被依法注销、吊销营业执照的；

……

划重点　消痛点

企业股权投资损失，应依据以下证据材料确认：

（1）股权投资计税基础证明材料；

（2）被投资企业破产公告、破产清偿文件；

（3）工商行政管理部门注销、吊销被投资单位营业执照文件；

（4）政府有关部门对被投资单位的行政处理决定文件；

（5）被投资企业终止经营、停止交易的法律或其他证明文件；

（6）被投资企业资产处置方案、成交及入账材料；

（7）企业法定代表人、主要负责人和财务负责人签章证实有关投资（权益）性损失的书面申明；

（8）会计核算资料等其他相关证据材料。

第106集 贷款损失可以在税前扣除吗？

N商业银行于2019年10月向A公司发放信用贷款100万元，借款期限为一年。

A公司2020年7月被依法宣告破产，N银行对A公司进行追偿后，2020年10月收回了10万元贷款，其余的形成了贷款损失。

提问：林老师，N银行的贷款损失，可以在2020年企业所得税税前扣除吗？

林老师解答

可以。

◇ 政策依据

财政部 国家税务总局
关于企业资产损失税前扣除政策的通知

2009年4月16日 财税〔2009〕57号

五、企业经采取所有可能的措施和实施必要的程序之后，符合下列条件之一的贷款类债权，可以作为贷款损失在计算应纳税所得额时扣除：

（一）借款人和担保人依法宣告破产、关闭、解散、被撤销，并终止法人资格，或者已完全停止经营活动，被依法注销、吊销营业执照，对借款人和担保人进行追偿后，未能收回的债权；

……

划重点 消痛点

本案例中,假定N商业银行在境内、境外均设立了营业机构,则根据财税〔2009〕57号文件第十二条的规定,其境内、境外营业机构发生的贷款损失应分开核算,对境外营业机构由于发生贷款损失而产生的亏损,不得在计算境内应纳税所得额时扣除。

第十四节　免税收入、不征税收入所对应的成本费用

第 107 集
国债利息收入所对应的成本费用可以在税前扣除吗?

扫码看视频

P 公司 2020 年 10 月取得国债利息收入，属于企业所得税免税收入。

提问：林老师，P 公司国债利息收入所对应的成本费用，可以在企业所得税税前扣除吗?

林老师解答

可以。

◇ 政策依据

**国家税务总局关于贯彻落实企业所得税法
若干税收问题的通知**

2010 年 2 月 22 日　国税函〔2010〕79 号

六、关于免税收入所对应的费用扣除问题

根据《实施条例》第二十七条、第二十八条的规定，企业取得的各项免税收入所对应的各项成本费用，除另有规定者外，可以在计算企业应纳税所得额时扣除。

第 108 集

不征税收入用于支出所形成的费用，可以在企业所得税税前扣除吗？

甲公司 2019 年 1 月取得省工信局专项用途财政性资金 100 万元，符合不征税收入条件。

甲公司对该笔资金选择采用不征税收入处理，2019 年该不征税收入用于支出所形成的费用为 60 万元。

提问：林老师，甲公司上述费用 60 万元，可以在计算应纳税所得额时扣除吗？

林老师解答

该公司不征税收入用于支出所形成的费用，不得在计算应纳税所得额时扣除。

◇ 政策依据

中华人民共和国企业所得税法实施条例

中华人民共和国国务院令第 714 号修订

第二十八条 ……

企业的不征税收入用于支出所形成的费用或者财产，不得扣除或者计算对应的折旧、摊销扣除。

第四章 成本、费用、损失

> **财政部 国家税务总局关于专项用途财政性资金企业所得税处理问题的通知**
>
> 2011年9月7日 财税〔2011〕70号
>
> 二、根据实施条例第二十八条的规定，上述不征税收入用于支出所形成的费用，不得在计算应纳税所得额时扣除；……

第109集

不征税收入用于研发活动所形成的费用，可以加计扣除吗？

甲公司2019年1月取得省工信局专项用途财政性资金100万元，符合不征税收入条件。

甲公司对该笔资金选择采用不征税收入处理，2019年该不征税收入用于支出所形成的费用为60万元，其中，用于研发活动所形成的费用为50万元。

提问：林老师，甲公司上述研发费用50万元，可以加计扣除吗？

林老师解答

该公司不征税收入用于研发活动所形成的费用，不得加计扣除。

溪发说税之企业所得税篇

✧ 政策依据

国家税务总局关于企业研究开发费用税前加计扣除政策有关问题的公告

2015年12月29日　国家税务总局公告2015年第97号

二、研发费用归集

……

（五）财政性资金的处理

企业取得作为不征税收入处理的财政性资金用于研发活动所形成的费用或无形资产，不得计算加计扣除或摊销。

第 110 集

不征税收入用于支出所形成的固定资产，其计算的折旧可以在税前扣除吗？

乙公司2019年2月取得市财政局拨付专项用途财政性资金50万元，符合不征税收入条件。

乙公司对该笔资金选择采用不征税收入处理，2019年该不征税收入用于支出所形成的固定资产为40万元，计算的折旧为6万元。

提问：林老师，乙公司上述计算的折旧6万元，可以在计算应纳税所得额时扣除吗？

林老师解答

该公司不征税收入用于支出所形成的固定资产，其计算的折旧不得在计算应纳税所得额时扣除。

第四章 成本、费用、损失

◇ 政策依据

财政部 国家税务总局关于专项用途财政性资金企业所得税处理问题的通知

2011年9月7日 财税〔2011〕70号

二、根据实施条例第二十八条的规定，上述不征税收入……用于支出所形成的资产，其计算的折旧、摊销不得在计算应纳税所得额时扣除。

划重点 消痛点

通过学习第107集至第110集案例，应掌握免税收入、不征税收入所对应的成本费用在企业所得税税前扣除的差异：

（1）免税收入所对应的成本费用，除另有规定者外，可以税前扣除；

（2）不征税收入用于支出所形成的成本费用，以及不征税收入用于支出所形成的资产，其计算的折旧、摊销，不得税前扣除。

第十五节　应扣未扣支出

第 111 集
应扣未扣交通费用,可以追补至该费用发生年度税前扣除吗?

Q公司2020年5月进行2019年企业所得税汇算清缴时,发现2018年实际发生的可以在企业所得税税前扣除的交通费用,在2018年企业所得税汇算清缴时少扣除了2万元。

提问:林老师,Q公司按照规定向税务机关做出专项申报及说明后,2018年少扣除的交通费用2万元,可以追补至该费用发生年度2018年企业所得税税前扣除吗?

林老师解答

可以。

◇ 政策依据

**国家税务总局关于企业所得税应纳税所得额
若干税务处理问题的公告**

2012年4月24日　国家税务总局公告2012年第15号

六、关于以前年度发生应扣未扣支出的税务处理问题

根据《中华人民共和国税收征收管理法》的有关规定,对企业发现以前年度实际发生的、按照税收规定应在企业所得税前扣除而未扣除或者少扣除的支出,企业做出专项申报及说明后,准予追补至该项目发生年度计算扣除,但追补确认期限不得超过5年。

第四章 成本、费用、损失

> **划重点　消痛点**

本案例中，假定 Q 公司 2018 年应纳税所得额为 400 万元，适用 25% 的企业所得税税率，该公司已按规定缴纳了企业所得税，则该公司追补确认扣除 2018 年交通费用 2 万元，导致 2018 年度多缴的企业所得税税款 5000 元，可以申请退税或向以后年度递延抵扣。

第十六节 其他扣除项目

第 112 集

棚户区改造支出可以在税前扣除吗?

A 公司参与政府统一组织的工矿棚户区改造,2020 年 10 月发生棚户区改造支出 50 万元,该棚户区改造支出符合《财政部 国家税务总局关于企业参与政府统一组织的棚户区改造有关企业所得税政策问题的通知》(财税〔2013〕65 号)第二条规定条件。

提问:林老师,A 公司实际发生的棚户区改造支出 50 万元,可以在 2020 年企业所得税税前扣除吗?

林老师解答

可以。

◇ 政策依据

财政部 国家税务总局关于企业参与政府统一组织的棚户区改造有关企业所得税政策问题的通知

2013 年 9 月 30 日 财税〔2013〕65 号

一、企业参与政府统一组织的工矿(含中央下放煤矿)棚户区改造、林区棚户区改造、垦区危房改造并同时符合一定条件的棚户区改造支出,准予在企业所得税前扣除。

二、本通知所称同时符合一定条件的棚户区改造支出，是指同时满足以下条件的棚户区改造支出：

（一）棚户区位于远离城镇、交通不便，市政公用、教育医疗等社会公共服务缺乏城镇依托的独立矿区、林区或垦区；

（二）该独立矿区、林区或垦区不具备商业性房地产开发条件；

（三）棚户区市政排水、给水、供电、供暖、供气、垃圾处理、绿化、消防等市政服务或公共配套设施不齐全；

（四）棚户区房屋集中连片户数不低于50户，其中，实际在该棚户区居住且在本地区无其他住房的职工（含离退休职工）户数占总户数的比例不低于75%；

（五）棚户区房屋按照《房屋完损等级评定标准》和《危险房屋鉴定标准》评定属于危险房屋、严重损坏房屋的套内面积不低于该片棚户区建筑面积的25%；

（六）棚户区改造已纳入地方政府保障性安居工程建设规划和年度计划，并由地方政府牵头按照保障性住房标准组织实施；异地建设的，原棚户区土地由地方政府统一规划使用或者按规定实行土地复垦、生态恢复。

第113集

再保险业务赔款支出可以在税前扣除吗？

B公司是一家从事再保险业务的保险公司，2020年5月收到从事直保业务公司（以下称直保公司）再保险业务赔款账单中，属于2019年度的赔款为200万元。

提问：林老师，B公司再保险业务赔款支出200万元，可以在企业所得税税前扣除吗？

> **林老师解答**

　　B 公司收到直保公司再保险业务赔款账单时间为 2020 年 5 月，在 2019 年企业所得税汇算清缴前，再保险业务赔款账单中属于 2019 年度的赔款 200 万元，可以在 2019 年企业所得税税前扣除，同时调整已计提的未决赔款准备金。

◇ 政策依据

国家税务总局关于保险公司再保险业务赔款支出
税前扣除问题的通知

2009 年 6 月 4 日　国税函〔2009〕313 号

　　根据《中华人民共和国企业所得税法实施条例》第九条的规定，从事再保险业务的保险公司（以下称再保险公司）发生的再保险业务赔款支出，按照权责发生制的原则，应在收到从事直保业务公司（以下称直保公司）再保险业务赔款账单时，作为企业当期成本费用扣除。为便于再保险公司再保险业务的核算，凡在次年企业所得税汇算清缴前，再保险公司收到直保公司再保险业务赔款账单中属于上年度的赔款，准予调整作为上年度的成本费用扣除，同时调整已计提的未决赔款准备金；次年汇算清缴后收到直保公司再保险业务赔款账单的，按该赔款账单上发生的赔款支出，在收单年度作为成本费用扣除。

第四章　成本、费用、损失

第 114 集
基础设施安全保护费可以在税前扣除吗？

C 公司是一家电力企业，2020 年 10 月对其电力基础设施进行安全保护，发生相关费用 10 万元。

提问：林老师，C 公司发生的电力基础设施安全保护费 10 万元，可以在 2020 年企业所得税税前扣除吗？

林老师解答

可以。

◇ **政策依据**

财政部　公安部　国家税务总局
关于石油天然气和"三电"基础设施安全保护费用
管理问题的通知

2010 年 10 月 11 日　财企〔2010〕291 号

二、健全油气和"三电"基础设施安全保护经费保障机制

……

（三）企业对自身油气和"三电"基础设施进行安全保护发生的各项费用，包括参加联防工作、组建兼专职群防队伍等发生的支出，由企业自行负担，按规定列入成本（费用），并按照国家税收法律、法规等规定准予税前扣除。

第115集 工作服费用可以在税前扣除吗?

D公司是一家大型商场,因为经营的需要,2020年10月统一制作工作服并要求柜员在商场营业时统一着装,支付工作服费用20万元。

提问:林老师,D公司发生的工作服费用20万元,可以在2020年企业所得税税前扣除吗?

林老师解答

可以。

◇ 政策依据

国家税务总局关于企业所得税若干问题的公告

2011年6月9日　国家税务总局公告2011年第34号

二、关于企业员工服饰费用支出扣除问题

企业根据其工作性质和特点,由企业统一制作并要求员工工作时统一着装所发生的工作服饰费用,根据《实施条例》第二十七条的规定,可以作为企业合理的支出给予税前扣除。

第四章 成本、费用、损失

第 116 集
党组织工作经费支出可以税前扣除吗？

甲公司是一家国有独资企业，2020 年发生纳入管理费用的党组织工作经费支出 5 万元，2020 年度职工工资、薪金总额为 600 万元。

提问：林老师，甲公司 2020 年发生的党组织工作经费支出 5 万元，可以在企业所得税税前扣除吗？

林老师解答

甲公司 2020 年发生的党组织工作经费支出 5 万元，低于 2020 年职工工资、薪金总额 600 万元的 1%，即 6 万元，可以在 2020 年企业所得税税前扣除。

◇ 政策依据

中共中央组织部　财政部　国务院国资委党委　国家税务总局关于国有企业党组织工作经费问题的通知

2017 年 9 月 15 日　组通字〔2017〕38 号

二、纳入管理费用的党组织工作经费，实际支出不超过职工年度工资薪金总额 1% 的部分，可以据实在企业所得税前扣除。年末如有结余，结转下一年度使用。累计结转超过上一年度职工工资总额 2% 的，当年不再从管理费用中安排。

第 117 集

行政事业性收费可以在税前扣除吗？

丁公司 2020 年 10 月缴纳行政事业性收费 2000 元，该行政事业性收费是省财政、价格主管部门批准设立的。

提问：林老师，丁公司缴纳的行政事业性收费 2000 元，可以在 2020 年企业所得税税前扣除吗？

林老师解答

可以。

◇ 政策依据

财政部 国家税务总局关于财政性资金、行政事业性收费、政府性基金有关企业所得税政策问题的通知

2008 年 12 月 16 日 财税〔2008〕151 号

二、关于政府性基金和行政事业性收费

（一）企业按照规定缴纳的、由国务院或财政部批准设立的政府性基金以及由国务院和省、自治区、直辖市人民政府及其财政、价格主管部门批准设立的行政事业性收费，准予在计算应纳税所得额时扣除。

企业缴纳的不符合上述审批管理权限设立的基金、收费，不得在计算应纳税所得额时扣除。

第四章 成本、费用、损失

> **划重点　消痛点**

在学习第 112 集至第 117 集案例时，应关注这些税前扣除特殊项目的具体口径、扣除要求和扣除比例等，做到应扣尽扣，但也不能擅自扩大扣除范围，避免纳税风险。

第十七节　不能税前扣除的支出

第 118 集

股东分红可以在税前扣除吗？

A 公司 2020 年 10 月支付股东分红 10 万元。

提问：林老师，A 公司支付股东分红，可以在企业所得税税前扣除吗？

林老师解答

A 公司支付的股东分红，不能在企业所得税税前扣除。

◇ 政策依据

中华人民共和国企业所得税法

中华人民共和国主席令第二十三号修正

第十条　在计算应纳税所得额时，下列支出不得扣除：

（一）向投资者支付的股息、红利等权益性投资收益款项；

……

划重点　消痛点

本案例中，A 公司支付的股东分红，来源于该公司企业所得税税后利润，不能税前扣除。

第四章 成本、费用、损失

第 119 集
企业所得税税款可以在税前扣除吗？

B 公司 2020 年 10 月预缴企业所得税 2 万元。

提问：林老师，B 公司预缴的企业所得税税款，可以在企业所得税税前扣除吗？

林老师解答

B 公司预缴的企业所得税税款，不能在企业所得税税前扣除。

◇ 政策依据

中华人民共和国企业所得税法

中华人民共和国主席令第二十三号修正

第十条 在计算应纳税所得额时，下列支出不得扣除：

……

（二）企业所得税税款；

……

划重点 消痛点

本案例中，B 公司预缴的企业所得税，应计入 2020 年累计实际已缴纳的所得税。该公司 2020 年实际应纳所得税，减除 2020 年累计实际已缴纳的所得税，即为当年应补（退）所得税额。

第 120 集

税收滞纳金可以在税前扣除吗？

C公司因逾期纳税，2020年10月支付税收滞纳金5万元。

提问：林老师，C公司支付的税收滞纳金，可以在企业所得税税前扣除吗？

林老师解答

C公司支付的税收滞纳金，不能在企业所得税税前扣除。

◇ **政策依据**

中华人民共和国企业所得税法

中华人民共和国主席令第二十三号修正

第十条 在计算应纳税所得额时，下列支出不得扣除：

……

（三）税收滞纳金；

……

划重点 消痛点

本案例中，假定C公司因逾期向客户交货，按购销合同约定向客户支付迟延交货赔偿金，则因该赔偿金支出与取得收入相关，可以税前扣除。

第四章 成本、费用、损失

第 121 集
环保罚款可以在税前扣除吗？

D公司因违规排放污水，2020年10月被处以环保罚款6万元。

提问：林老师，D公司支付的环保罚款，可以在企业所得税税前扣除吗？

林老师解答

D公司支付的环保罚款，不能在企业所得税税前扣除。

◇ 政策依据

中华人民共和国企业所得税法

中华人民共和国主席令第二十三号修正

第十条 在计算应纳税所得额时，下列支出不得扣除：

……

（四）罚金、罚款和被没收财物的损失；

……

划重点 消痛点

本案例中，假定D公司由于违反合同约定，向供应商支付经济合同违约金，则因该违约金支出与取得收入相关，可以税前扣除。

177

第 122 集

直接给学校的捐赠支出，可以在税前扣除吗？

E 公司 2020 年 10 月直接向学校捐赠现金 5 万元。

提问：林老师，E 公司直接给学校的捐赠支出，可以在企业所得税税前扣除吗？

林老师解答

E 公司的捐赠支出不能在企业所得税税前扣除。

◇ 政策依据

中华人民共和国企业所得税法

中华人民共和国主席令第二十三号修正

第九条　企业发生的公益性捐赠支出，在年度利润总额 12% 以内的部分，准予在计算应纳税所得额时扣除；超过年度利润总额 12% 的部分，准予结转以后三年内在计算应纳税所得额时扣除。

第十条　在计算应纳税所得额时，下列支出不得扣除：

……

（五）本法第九条规定以外的捐赠支出；

……

第四章 成本、费用、损失

财政部 税务总局关于公益性捐赠支出企业所得税税前结转扣除有关政策的通知

2018年2月11日 财税〔2018〕15号

一、企业通过公益性社会组织或者县级（含县级）以上人民政府及其组成部门和直属机构，用于慈善活动、公益事业的捐赠支出，在年度利润总额12%以内的部分，准予在计算应纳税所得额时扣除；超过年度利润总额12%的部分，准予结转以后三年内在计算应纳税所得额时扣除。

本条所称公益性社会组织，应当依法取得公益性捐赠税前扣除资格。

划重点 消痛点

本案例中，假定E公司通过公益性社会组织向学校捐赠现金5万元，且取得税前扣除的合法有效票据，该公司2020年利润总额为100万元，则公益性捐赠支出5万元，低于当年度利润总额的12%，即12万元，可以税前扣除。

第123集 非广告性质的赞助支出可以在税前扣除吗？

扫码看视频

F公司2020年10月向体育比赛赞助支出100万元，该支出属于与F公司生产经营活动无关的非广告性质的赞助支出。

提问：林老师，F公司向体育比赛赞助支出，可以在企业所得税税前扣除吗？

林老师解答

F公司向体育比赛赞助支出，不能在企业所得税税前扣除。

◇ 政策依据

中华人民共和国企业所得税法

中华人民共和国主席令第二十三号修正

第十条 在计算应纳税所得额时，下列支出不得扣除：

……

（六）赞助支出；

……

中华人民共和国企业所得税法实施条例

中华人民共和国国务院令第714号修订

第五十四条 企业所得税法第十条第（六）项所称赞助支出，是指企业发生的与生产经营活动无关的各种非广告性质支出。

划重点 消痛点

本案例中，假定F公司从事服装贸易业务，2020年10月支付产品广告费100万元，该支出与F公司生产经营活动有关，且取得税前扣除的合法有效票据，该公司2020年销售收入2000万元，则广告费支出100万元，低于当年销售收入的15%，即300万元，可以税前扣除。

第四章 成本、费用、损失

第 124 集
坏账准备可以在税前扣除吗？

G公司2020年10月计提应收账款坏账准备30万元，该坏账准备属于不符合国务院财政、税务主管部门规定的各项资产减值准备、风险准备等准备金支出。

提问：林老师，G公司计提的坏账准备，可以在企业所得税税前扣除吗？

林老师解答

G公司计提的坏账准备，不能在企业所得税税前扣除。

◇ 政策依据

中华人民共和国企业所得税法

中华人民共和国主席令第二十三号修正

第十条 在计算应纳税所得额时，下列支出不得扣除：

……

（七）未经核定的准备金支出；

……

中华人民共和国企业所得税法实施条例

中华人民共和国国务院令第714号修订

第五十五条 企业所得税法第十条第（七）项所称未经核定的准备金支出，是指不符合国务院财政、税务主管部门规定的各项资产减值准备、风险准备等准备金支出。

划重点　消痛点

本案例中，假定 G 公司计提的坏账准备为符合国务院财政、税务主管部门规定的资产减值准备，则可以按照有关规定在企业所得税税前计算扣除。

第 125 集
列支关联公司的差旅费支出，可以在税前扣除吗？

H 公司 2020 年 10 月支付差旅费 1 万元，该差旅费是其关联公司应承担的费用。

提问：林老师，H 公司支付的该笔差旅费，可以在企业所得税税前扣除吗？

林老师解答

H 公司支付的该笔差旅费是其关联公司应承担的费用，属于与取得收入无关的其他支出，不能在企业所得税税前扣除。

◇ 政策依据

中华人民共和国企业所得税法

中华人民共和国主席令第二十三号修正

第十条　在计算应纳税所得额时，下列支出不得扣除：

……

（八）与取得收入无关的其他支出。

第四章 成本、费用、损失

划重点 消痛点

本案例中，假定 H 公司支付的差旅费为该公司业务人员因为生产经营需要而发生的，且取得税前扣除的合法有效票据，则可以税前扣除。

第 126 集

交纳的行政和解金，可以在税前扣除吗？

A 上市公司与证监会就涉嫌违法行为的处理达成行政和解协议，2020 年 10 月按协议约定交纳了行政和解金 800 万元。

提问：林老师，A 公司交纳的行政和解金，可以在企业所得税税前扣除吗？

扫码看视频

林老师解答

不可以。

◇ 政策依据

**财政部　国家税务总局关于行政和解金
有关税收政策问题的通知**

2016 年 9 月 18 日　财税〔2016〕100 号

一、行政相对人交纳的行政和解金，不得在所得税税前扣除。

知识链接

什么是行政和解金？

根据《行政和解金管理暂行办法》（中国证券监督管理委员会 财政部公告〔2015〕4号）第二条规定，行政和解金，是指中国证券监督管理委员会在监管执法过程中，与涉嫌违法的公民、法人或者其他组织就涉嫌违法行为的处理达成行政和解协议，行政相对人按照行政和解协议约定交纳的资金。

《行政和解金管理暂行办法》第四条规定，中国证券投资者保护基金有限责任公司履行行政和解金的管理职责。

第十八节　税前扣除凭证

第 127 集

维修费的收款收据可以作为税前扣除凭证吗？

扫码看视频

2020 年 9 月，甲公司办公室一台空调出现故障，请张师傅上门维修，支付了维修费 100 元，并取得了张师傅开具的收款收据。

提问：林老师，张师傅为从事小额零星经营业务的个人，甲公司取得张师傅开具的收款收据，可以作为企业所得税税前扣除凭证吗？

林老师解答

可以。

◇ 政策依据

国家税务总局关于发布
《企业所得税税前扣除凭证管理办法》的公告

2018 年 6 月 6 日　国家税务总局公告 2018 年第 28 号

第九条　企业在境内发生的支出项目属于增值税应税项目（以下简称"应税项目"）的，对方为已办理税务登记的增值税纳税人，其支出以发票（包括按照规定由税务机关代开的发票）作为税前扣除凭证；对方为依法无需办理税务登记的单位或者从事小额零星经营业务的个人，其支出以税务机关代开的发票或者收款凭证及内部凭证作为税前扣除凭证，收款凭证应载明收款单位名称、个人姓名及身份证号、支出项目、收款金额等相关信息。

小额零星经营业务的判断标准是个人从事应税项目经营业务的销售额不超过增值税相关政策规定的起征点。

划重点 消痛点

本案例中，假定张师傅从事应税项目经营业务的销售额超过增值税相关政策规定的起征点，则张师傅不属于从事小额零星经营业务的个人，甲公司应取得发票作为税前扣除凭证。

第 128 集

动车票可以作为税前扣除凭证吗？

乙公司销售部员工小马2020年10月因工作需要出差乘坐动车，取得了动车票。

提问：林老师，动车票可以作为企业所得税税前扣除凭证吗？

林老师解答

可以。

第四章 成本、费用、损失

◇ 政策依据

国家税务总局关于发布
《企业所得税税前扣除凭证管理办法》的公告

2018 年 6 月 6 日　国家税务总局公告 2018 年第 28 号

第九条　……

税务总局对应税项目开具发票另有规定的,以规定的发票或者票据作为税前扣除凭证。

国家税务总局关于铁路运输和邮政业
营业税改征增值税发票及税控系统使用问题的公告

2013 年 12 月 18 日　国家税务总局公告 2013 年第 76 号

一、发票使用问题

……

(二)中国铁路总公司及其所属运输企业(含分支机构)可暂延用其自行印制的铁路票据,其他提供铁路运输服务的纳税人以及提供邮政服务的纳税人,其普通发票的使用由各省税务局确定。

划重点　消痛点

本案例中,假定销售部员工小马因个人私事外出乘坐动车,虽然取得了动车票,但该支出与乙公司取得收入无关,因此不能在乙公司企业所得税税前扣除。

第 129 集

逾期交房违约金的收款收据可以作为税前扣除凭证吗？

丙公司是一家房地产开发企业，因为逾期交房，2020年9月向购房人支付逾期交房违约金，取得了购房人开具的收款收据。

提问：林老师，丙公司取得的逾期交房违约金收款收据，可以作为企业所得税税前扣除凭证吗？

林老师解答

丙公司发生的逾期交房违约金支出不属于增值税应税项目，取得的收款收据可以作为企业所得税税前扣除凭证。

◇ 政策依据

国家税务总局关于发布
《企业所得税税前扣除凭证管理办法》的公告

2018年6月6日　国家税务总局公告2018年第28号

第十条　企业在境内发生的支出项目不属于应税项目的，对方为单位的，以对方开具的发票以外的其他外部凭证作为税前扣除凭证；对方为个人的，以内部凭证作为税前扣除凭证。

划重点　消痛点

本案例中，假定丙公司在境内发生的支出项目虽不属于应税项目，但按国家税务总局规定可以开具发票的，可以发票作为税前扣除凭证。

第四章 成本、费用、损失

第 130 集
从境外进口石材取得的英文发票，可以作为税前扣除凭证吗？

丁公司 2020 年 10 月从境外进口石材，取得了境外供应商开具的英文发票。

提问：林老师，丁公司取得的英文发票，可以作为企业所得税税前扣除凭证吗？

林老师解答

可以。

◇ 政策依据

国家税务总局关于发布
《企业所得税税前扣除凭证管理办法》的公告

2018 年 6 月 6 日　国家税务总局公告 2018 年第 28 号

第十一条　企业从境外购进货物或者劳务发生的支出，以对方开具的发票或者具有发票性质的收款凭证、相关税费缴纳凭证作为税前扣除凭证。

划重点　消痛点

国家税务总局公告 2018 年第 28 号第十一条规定的税前扣除凭证为正向列举，且"相关税费缴纳凭证"后面没有"等"字，不能随意扩大范围。

第 131 集

未填写购货方企业纳税人识别号的增值税普通发票，可以作为税前扣除凭证吗？

戊公司 2020 年 10 月支付咨询服务费，取得一张增值税普通发票，但这张发票未填写戊公司的纳税人识别号。

提问：林老师，戊公司取得的这张发票，可以作为企业所得税税前扣除凭证吗？

林老师解答

这张发票未填写戊公司的纳税人识别号，属于不合规发票，不得作为税前扣除凭证。

◇ 政策依据

**国家税务总局关于发布
《企业所得税税前扣除凭证管理办法》的公告**

2018 年 6 月 6 日　国家税务总局公告 2018 年第 28 号

第十二条　企业取得私自印制、伪造、变造、作废、开票方非法取得、虚开、填写不规范等不符合规定的发票（以下简称"不合规发票"），以及取得不符合国家法律、法规等相关规定的其他外部凭证（以下简称"不合规其他外部凭证"），不得作为税前扣除凭证。

国家税务总局关于增值税发票开具有关问题的公告

2017 年 5 月 19 日　国家税务总局公告 2017 年第 16 号

一、自 2017 年 7 月 1 日起，购买方为企业的，索取增值税普通发

第四章 成本、费用、损失

票时，应向销售方提供纳税人识别号或统一社会信用代码；销售方为其开具增值税普通发票时，应在"购买方纳税人识别号"栏填写购买方的纳税人识别号或统一社会信用代码。不符合规定的发票，不得作为税收凭证。

本公告所称企业，包括公司、非公司制企业法人、企业分支机构、个人独资企业、合伙企业和其他企业。

划重点　消痛点

本案例中，戊公司2020年10月取得不合规发票，若支出真实且已实际发生，应当在当年度汇算清缴期结束前，要求对方换开发票；换开后的发票符合规定的，可以作为税前扣除凭证。

第132集　法律顾问费分割单可以作为税前扣除凭证吗？

扫码看视频

已公司与庚公司2020年共同聘请境内一家律师事务所提供法律顾问服务，费用采取分摊方式。2020年10月己公司取得法律顾问服务费普通发票10万元，按照独立交易原则分摊，己公司应承担服务费6万元，庚公司应承担服务费4万元，己公司向庚公司开具了法律顾问费分割单4万元。

提问：林老师，庚公司取得的法律顾问费分割单，可以作为企业所得税税前扣除凭证吗？

> **林老师解答**

可以。

◇ 政策依据

国家税务总局关于发布
《企业所得税税前扣除凭证管理办法》的公告

2018 年 6 月 6 日　国家税务总局公告 2018 年第 28 号

第十八条　企业与其他企业（包括关联企业）、个人在境内共同接受应纳增值税劳务（以下简称"应税劳务"）发生的支出，采取分摊方式的，应当按照独立交易原则进行分摊，企业以发票和分割单作为税前扣除凭证，共同接受应税劳务的其他企业以企业开具的分割单作为税前扣除凭证。

> **划重点　消痛点**

本案例中，己公司和庚公司应按独立交易原则分摊法律顾问费。两家公司各自扣除的法律顾问费金额的合计数（10 万元），应与己公司取得法律顾问费普通发票金额（10 万元）相等，不能重复扣除。

第 133 集

电费收据可以作为税前扣除凭证吗？

辛公司从 2020 年 9 月开始向 A 公司租赁一层商务办公楼，A 公司对电费采取分摊方式。辛公司 2020 年 10 月取得 A 公司开具的电费收据及电费分配计算表。

第四章 成本、费用、损失

> 提问：林老师，辛公司取得的电费收据及电费分配计算表，可以作为企业所得税税前扣除凭证吗？

林老师解答

出租方 A 公司对电费采取分摊方式，辛公司取得的电费收据及电费分配计算表，属于其他外部凭证，可以作为税前扣除凭证。

◇ 政策依据

国家税务总局关于发布
《企业所得税税前扣除凭证管理办法》的公告

2018 年 6 月 6 日　国家税务总局公告 2018 年第 28 号

第十九条　企业租用（包括企业作为单一承租方租用）办公、生产用房等资产发生的水、电、燃气、冷气、暖气、通讯线路、有线电视、网络等费用，出租方作为应税项目开具发票的，企业以发票作为税前扣除凭证；出租方采取分摊方式的，企业以出租方开具的其他外部凭证作为税前扣除凭证。

划重点　消痛点

本案例中，假定出租方 A 公司将辛公司承担的电费作为应税项目开具发票，则承租方辛公司以发票作为税前扣除凭证。

第五章 资产的税务处理

第一节 存货的税务处理

第 134 集

通过支付现金方式采购原材料，计税成本如何确定？

A公司是增值税一般纳税人，2020年10月以现金支付方式采购原材料，取得了增值税专用发票，发票金额100万元、进项税额13万元。另外，A公司还支付了运费1.09万元，取得了增值税专用发票，发票金额1万元、进项税额0.09万元。

提问：林老师，A公司在申报缴纳企业所得税时，如何确定采购原材料的计税成本？

林老师解答

A公司采购的原材料，以购买价款100万元和支付的相关税费1万元的合计数101万元为计税成本。

◇ 政策依据

中华人民共和国企业所得税法实施条例

中华人民共和国国务院令第714号修订

第七十二条 ……

存货按照以下方法确定成本：

（一）通过支付现金方式取得的存货，以购买价款和支付的相关税

第五章 资产的税务处理

费为成本；
……

划重点 消痛点

本案例中，A 公司采购原材料的进项税额 13 万元及运费的进项税额 0.09 万元，因已经申报抵扣，不能计入原材料的计税成本。

第 135 集

接受捐赠原材料，计税成本如何确定？

扫码看视频

P 公司是增值税一般纳税人，2020 年 10 月接受原材料捐赠，该原材料的公允价值为 60 万元。P 公司支付了该原材料的运费 1.09 万元，取得了增值税专用发票，发票金额 1 万元、进项税额 0.09 万元。

提问：林老师，P 公司在申报缴纳企业所得税时，如何确定接受捐赠原材料的计税成本？

林老师解答

P 公司接受捐赠的原材料，以其公允价值 60 万元和支付的相关税费 1 万元的合计数 61 万元为计税成本。

195

◇ 政策依据

中华人民共和国企业所得税法实施条例

中华人民共和国国务院令第714号修订

第七十二条 ……

存货按照以下方法确定成本：

……

（二）通过支付现金以外的方式取得的存货，以该存货的公允价值和支付的相关税费为成本；

……

▎划重点 消痛点

本案例中，P公司接受捐赠原材料发生的运费进项税额0.09万元，可以申报抵扣，不属于支付的相关税费，因此不能计入原材料的计税成本。

第二节　固定资产的税务处理

第 136 集

租入汽车可以计提折旧在税前扣除吗?

A 公司因生产经营需要，2020 年 9 月采取经营租赁方式租入一辆汽车。

提问：林老师，A 公司租入的汽车，可以计提折旧在企业所得税税前扣除吗？

林老师解答

不可以。

◇ 政策依据

中华人民共和国企业所得税法

中华人民共和国主席令第二十三号修正

第十一条……

下列固定资产不得计算折旧扣除：

……

（二）以经营租赁方式租入的固定资产；

……

> 划重点　消痛点

本案例中，A 公司采取经营租赁方式租入汽车，支付的租赁费用可以税前扣除，但因为汽车的所有权未转移至 A 公司，不能由 A 公司计提折旧在税前扣除。

> 知识链接

经营租赁的概念

经营租赁，通常是为满足承租人经营上短期的、临时的或季节性的使用资产的需要，出租人将该资产的使用权让与承租人并获取租金。经营租赁租期短，可以经过一定的预约期而中途解除租赁合约；一般来说，承租人并没有购置该租入资产的计划。

第 137 集

自建厂房未取得全额发票，可以计提折旧在税前扣除吗？

B 公司 2017 年 1 月开始建设厂房，2019 年 11 月建成后投入使用，竣工结算前发生的支出为 3200 万元，由于工程款项尚未结清，还有 500 万元发票未取得。该厂房合同规定的金额为 3000 万元。

B 公司 2020 年 10 月结清工程款，并取得了此前尚未开具的 500 万元发票。

提问：林老师，B 公司 2019 年 11 月厂房建成投入使用后，可以计提折旧在企业所得税税前扣除吗？

第五章 资产的税务处理

林老师解答

B公司2019年11月厂房建成投入使用后，由于工程款项尚未结清未取得全额发票，从2019年12月开始，暂按合同约定的金额3000万元计入固定资产计税基础计提折旧。

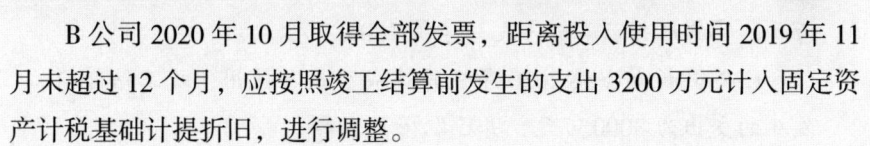

B公司2020年10月取得全部发票，距离投入使用时间2019年11月未超过12个月，应按照竣工结算前发生的支出3200万元计入固定资产计税基础计提折旧，进行调整。

◇ 政策依据

国家税务总局关于贯彻落实
企业所得税法若干税收问题的通知

2010年2月22日　国税函〔2010〕79号

五、关于固定资产投入使用后计税基础确定问题

企业固定资产投入使用后，由于工程款项尚未结清未取得全额发票的，可暂按合同规定的金额计入固定资产计税基础计提折旧，待发票取得后进行调整。但该项调整应在固定资产投入使用后12个月内进行。

划重点　消痛点

国税函〔2010〕79号文件第五条的规定，解决了企业固定资产投入使用后未取得全额发票的折旧税前扣除问题，但应注意取得全额发票后调整折旧应在固定资产投入使用后12个月内进行。

第 138 集
办公楼推倒重置，计税成本如何确定？

C 公司 2019 年 6 月将原办公楼推倒重建，该房屋原值 2000 万元，已提取折旧 400 万元，净值 1600 万元。

C 公司新办公楼 2020 年 9 月建成后投入使用，竣工结算前发生的支出为 3000 万元，并已取得了发票。

提问：林老师，C 公司在申报缴纳企业所得税时，新办公楼计提折旧的计税成本如何确定？

林老师解答

C 公司新办公楼建成投入使用后，应将原办公楼净值 1600 万元与新办公楼竣工结算前发生的支出 3000 万元的合计数 4600 万元，作为新办公楼计税成本。

◇ 政策依据

国家税务总局关于企业所得税若干问题的公告

2011 年 6 月 9 日　国家税务总局公告 2011 年第 34 号

四、关于房屋、建筑物固定资产改扩建的税务处理问题

企业对房屋、建筑物固定资产在未足额提取折旧前进行改扩建的，如属于推倒重置的，该资产原值减除提取折旧后的净值，应并入重置后的固定资产计税成本，并在该固定资产投入使用后的次月起，按照税法规定的折旧年限，一并计提折旧；如属于提升功能、增加面积的，该固定资产的改扩建支出，并入该固定资产计税基础，并从改扩建完工投入使用后的次月起，重新按税法规定的该固定资产折旧年限计提折旧，如

第五章 资产的税务处理

该改扩建后的固定资产尚可使用的年限低于税法规定的最低年限的，可以按尚可使用的年限计提折旧。

划重点 消痛点

本案例中，C公司从该新办公楼投入使用后的次月即2020年10月开始，按其计税基础4600万元计提折旧在企业所得税税前扣除。

第三节　生产性生物资产的税务处理

第 139 集
接受投资取得的经济林，计税基础如何确定？

D 公司是 E 公司的股东，2020 年 9 月 D 公司向 E 公司投资经济林，该经济林的公允价值和支付的相关税费合计为 1500 万元。

提问：林老师，E 公司在申报缴纳企业所得税时，接受投资取得的经济林计提折旧的计税基础如何确定？

林老师解答

E 公司接受投资取得的经济林，以其公允价值和支付的相关税费 1500 万元作为计税基础。

◇ 政策依据

中华人民共和国企业所得税法实施条例

中华人民共和国国务院令第 714 号修订

第六十二条　生产性生物资产按照以下方法确定计税基础：

……

（二）通过捐赠、投资、非货币性资产交换、债务重组等方式取得的生产性生物资产，以该资产的公允价值和支付的相关税费为计税基础。

第五章 资产的税务处理

前款所称生产性生物资产,是指企业为生产农产品、提供劳务或者出租等而持有的生物资产,包括经济林、薪炭林、产畜和役畜等。

划重点 消痛点

本案例中,假定 E 公司为增值税一般纳税人,以现金支付方式采购薪炭林,取得了增值税普通发票,发票金额为 1000 万元;另外还支付了运费 10.9 万元,取得了增值税专用发票,发票金额 10 万元、进项税额 0.9 万元。则 E 公司应以购买价款 1000 万元和支付的相关税费 10 万元的合计数 1010 万元为计税成本,运费的进项税额 0.9 万元可以申报抵扣。

第四节　无形资产的税务处理

第 140 集

自行研发的专利技术，计税基础如何确定？

F 公司 2019 年 10 月研发甲新产品专利技术，2020 年 1 月 1 日该专利技术符合资本化条件后至达到预定用途前发生的研发支出为 50 万元。这些研发支出不能享受研发费用加计扣除优惠。

提问：林老师，F 公司在申报缴纳企业所得税时，自行研发的专利技术计算摊销费用的计税基础如何确定？

林老师解答

F 公司自行研发的专利技术，因不能享受研发费用加计扣除优惠，以研发过程中该专利技术符合资本化条件后至达到预定用途前发生的支出 50 万元作为计税基础。

◇ 政策依据

中华人民共和国企业所得税法实施条例

中华人民共和国国务院令第 714 号修订

第六十六条　无形资产按照以下方法确定计税基础：

……

（二）自行开发的无形资产，以开发过程中该资产符合资本化条件后至达到预定用途前发生的支出为计税基础；

……

第五章 资产的税务处理

> **划重点 消痛点**

本案例中,假定 F 公司研发该专利技术,2019 年 10 月至 12 月发生的支出中有 5 万元不符合资本化条件,则这 5 万元应费用化计入 2019 年损益,不能计入该专利技术的计税基础。

第 141 集 著作权开发支出已在计算应纳税所得额时扣除,可以再计算摊销费用在税前扣除吗?

扫码看视频

G 公司 2019 年 2 月开发乙软件著作权,开发支出 2 万元,已在计算 2019 年企业所得税应纳税所得额时扣除。

提问:林老师,G 公司在申报缴纳企业所得税时,软件著作权开发支出 2 万元可以计算摊销费用在企业所得税税前扣除吗?

> **林老师解答**

不可以。

◇ 政策依据

中华人民共和国企业所得税法

中华人民共和国主席令第二十三号修正

第十二条 ……

下列无形资产不得计算摊销费用扣除:

(一)自行开发的支出已在计算应纳税所得额时扣除的无形资产;

……

划重点　消痛点

本案例中，假定 G 公司 2020 年 11 月取得丙专利技术，该专利技术与生产经营无关，则其摊销费用不能在企业所得税税前扣除。

第五节　长期待摊费用的税务处理

第 142 集
租入厂房装修费用可以在税前扣除吗？

H公司2020年4月1日租入一层办公楼，合同约定租期5年，租入后开始装修，2020年9月30日装修完成，共发生装修支出54万元。

提问：林老师，H公司在申报缴纳企业所得税时，装修支出54万元可以在企业所得税税前扣除吗？

林老师解答

H公司装修支出54万元，应在合同约定的剩余租赁期限（4.5年）分期摊销，在企业所得税税前扣除。

◇ 政策依据

中华人民共和国企业所得税法

中华人民共和国主席令第二十三号修正

第十三条　在计算应纳税所得额时，企业发生的下列支出作为长期待摊费用，按照规定摊销的，准予扣除：

……

（二）租入固定资产的改建支出；

……

中华人民共和国企业所得税法实施条例

中华人民共和国国务院令第 714 号修订

第六十八条　企业所得税法第十三条第（一）项和第（二）项所称固定资产的改建支出，是指改变房屋或者建筑物结构、延长使用年限等发生的支出。

企业所得税法第十三条第（一）项规定的支出，按照固定资产预计尚可使用年限分期摊销；第（二）项规定的支出，按照合同约定的剩余租赁期限分期摊销。

划重点　消痛点

本案例中，假定 H 公司租入办公楼于 2025 年 3 月 31 日到期后，继续租用 1 年，不再继续装修，则此前的装修支出 54 万元到 2025 年 3 月 31 日已摊销扣除完毕，续租期间不能继续在税前摊销装修支出。

第 143 集

大修理支出可以在税前扣除吗？

I 公司 2020 年 10 月对生产用的机器设备进行大修理，发生大修理支出 12 万元，修理后该机器设备的使用年限延长 3 年，尚可使用年限为 4 年。

I 公司取得该机器设备时的计税基础为 20 万元。

提问：林老师，I 公司在申报缴纳企业所得税时，大修理支出 12 万元可以在企业所得税税前扣除吗？

第五章 资产的税务处理

林老师解答

I公司机器设备大修理支出12万元，超过取得时的计税基础20万元的50%；修理后的使用年限延长3年，超过了2年，因此，大修理支出应按照尚可使用年限4年分期摊销，在企业所得税税前扣除。

◇ 政策依据

中华人民共和国企业所得税法

中华人民共和国主席令第二十三号修正

第十三条　在计算应纳税所得额时，企业发生的下列支出作为长期待摊费用，按照规定摊销的，准予扣除：

……

（三）固定资产的大修理支出；

……

中华人民共和国企业所得税法实施条例

中华人民共和国国务院令第714号修订

第六十九条　企业所得税法第十三条第（三）项所称固定资产的大修理支出，是指同时符合下列条件的支出：

（一）修理支出达到取得固定资产时的计税基础50%以上；

（二）修理后固定资产的使用年限延长2年以上。

企业所得税法第十三条第（三）项规定的支出，按照固定资产尚可使用年限分期摊销。

划重点 消痛点

本案例中,假定 I 公司机器设备发生修理支出 8 万元,未超过取得时的计税基础 20 万元的 50%;或者,机器设备修理后使用年限延长 1.5 年,未超过 2 年,则在计算申报企业所得税时,均不能作为大修理支出处理。

第 144 集

开办费可以在税前扣除吗?

J 公司 2020 年 9 月筹办,发生开办费支出 1 万元。

J 公司 2020 年 10 月开始生产经营。

提问:林老师,J 公司的开办费支出 1 万元,可以在企业所得税税前扣除吗?

林老师解答

J 公司的开办费支出 1 万元,可以在开始经营之日的当年即 2020 年一次性扣除;也可以从支出发生月份的次月即 2020 年 10 月起,分期摊销,摊销年限不得低于 3 年。

◇ 政策依据

国家税务总局关于企业所得税若干税务事项衔接问题的通知

2009 年 2 月 27 日 国税函〔2009〕98 号

九、关于开(筹)办费的处理

新税法中开(筹)办费未明确列作长期待摊费用,企业可以在开始经营之日的当年一次性扣除，也可以按照新税法有关长期待摊费用的处理规定处理，但一经选定，不得改变。

中华人民共和国企业所得税法

中华人民共和国主席令第二十三号修正

第十三条 在计算应纳税所得额时，企业发生的下列支出作为长期待摊费用，按照规定摊销的，准予扣除：

……

（四）其他应当作为长期待摊费用的支出。

中华人民共和国企业所得税法实施条例

中华人民共和国国务院令第714号修订

第七十条 企业所得税法第十三条第（四）项所称其他应当作为长期待摊费用的支出，自支出发生月份的次月起，分期摊销，摊销年限不得低于3年。

划重点 消痛点

本案例中，假定J公司发生的开办费支出，选择从支出发生月份的次月2020年10月起，按照3年摊销。J公司可以在2021年一次性扣除尚未摊销完毕的开办费余额吗？

不可以。J公司已选择从2020年10月起分3年摊销，一经选定，不得改变。

第 145 集

筹办期业务招待费，可以全额计入筹办费在税前扣除吗？

J公司2020年10月筹建，当月发生与筹办活动有关的业务招待费支出5万元。

提问：林老师，J公司筹办期发生的业务招待费5万元，可以全额计入筹办费在税前扣除吗？

林老师解答

J公司筹办期业务招待费，按照实际发生额5万元的60%，即3万元计入筹办费，并按有关规定在企业所得税税前扣除。

◇ 政策依据

国家税务总局关于企业所得税应纳税所得额
若干税务处理问题的公告

2012年4月24日　国家税务总局公告2012年第15号

五、关于筹办期业务招待费等费用税前扣除问题

企业在筹建期间，发生的与筹办活动有关的业务招待费支出，可按实际发生额的60%计入企业筹办费，并按有关规定在税前扣除；……

第五章　资产的税务处理

第 146 集

筹办期广告费，可以全额计入筹办费在税前扣除吗？

J 公司 2020 年 10 月筹建，当月发生与筹办活动有关的广告费 25 万元。

提问：林老师，J 公司筹办期发生的广告费 25 万元，可以全额计入筹办费在税前扣除吗？

林老师解答

J 公司筹办期广告费，按照实际发生额 25 万元计入筹办费，并按有关规定在企业所得税税前扣除。

◇ 政策依据

国家税务总局关于企业所得税应纳税所得额
若干税务处理问题的公告

2012 年 4 月 24 日　国家税务总局公告 2012 年第 15 号

五、关于筹办期业务招待费等费用税前扣除问题

企业在筹建期间，……发生的广告费和业务宣传费，可按实际发生额计入企业筹办费，并按有关规定在税前扣除。

划重点　消痛点

本案例 J 公司发生筹办期广告费，与前述第 145 集案例发生筹办期业务招待费相比较，存在以下差异：

（1）广告费支出按实际发生额计入筹办费；

（2）业务招待费支出按实际发生额的 60% 计入筹办费。

第六节　投资资产的税务处理

第 147 集

转让长期股权投资的投资成本可以在税前扣除吗？

K 公司 2018 年 8 月以现金 300 万元对 L 公司进行投资，占 L 公司注册资本的 30%。

K 公司 2020 年 10 月将持有的对 L 公司长期股权投资全部转让，当月股权转让协议生效，且完成股权变更手续。

提问：林老师，K 公司转让长期股权投资，投资成本 300 万元可以在企业所得税税前扣除吗？

林老师解答

可以。

◇ 政策依据

中华人民共和国企业所得税法实施条例

中华人民共和国国务院令第 714 号修订

第七十一条　企业所得税法第十四条所称投资资产，是指企业对外进行权益性投资和债权性投资形成的资产。

企业在转让或者处置投资资产时，投资资产的成本，准予扣除。

第五章 资产的税务处理

国家税务总局关于贯彻落实企业所得税法若干税收问题的通知

2010年2月22日　国税函〔2010〕79号

三、关于股权转让所得确认和计算问题

企业转让股权收入，应于转让协议生效、且完成股权变更手续时，确认收入的实现。转让股权收入扣除为取得该股权所发生的成本后，为股权转让所得。企业在计算股权转让所得时，不得扣除被投资企业未分配利润等股东留存收益中按该项股权所可能分配的金额。

划重点　消痛点

本案例中，假定K公司转让股权时，L公司的未分配利润和盈余公积等股东留存收益为100万元，K公司计算股权转让所得时，可以按照30%股权比例计算扣除被投资企业L公司股东留存收益100万元所可能分配的金额30万元吗？

不可以。这30万元不是该股权投资的计税成本，不能税前扣除。

第148集　资本公积转增股本，投资方企业可以增加长期投资的计税基础吗？

扫码看视频

M公司2018年9月以现金400万元对N公司进行投资，占N公司股本的20%。

N公司2020年5月以股权溢价所形成的资本公积转增股本100万元，其中M公司占20%即20万元。

提问：林老师，N公司资本公积转增股本，M公司可以增加对N公司长期投资的计税基础吗？

215

> **林老师解答**

N公司以股权溢价所形成的资本公积转增股本，不作为投资方M公司的股息、红利收入，M公司也不得增加该项长期投资的计税基础。

◇ 政策依据

**国家税务总局关于贯彻落实企业所得税法
若干税收问题的通知**

2010年2月22日　国税函〔2010〕79号

四、关于股息、红利等权益性投资收益收入确认问题

……

被投资企业将股权（票）溢价所形成的资本公积转为股本的，不作为投资方企业的股息、红利收入，投资方企业也不得增加该项长期投资的计税基础。

> **划重点　消痛点**

本案例中，假定N公司2020年5月以未分配利润转增股本100万元，其中M公司占20%即20万元，这20万元应作为投资方M公司的股息、红利收入，M公司同时增加该项长期投资的计税基础。

第六章 亏损弥补

第一节 被投资企业亏损

第 149 集

合伙企业亏损可以抵减法人合伙人的盈利吗?

2018年6月,甲公司投资乙合伙企业。乙合伙企业的合伙人按照合伙协议约定的分配比例分配乙合伙企业的生产经营所得和其他所得,其中甲公司分配比例为20%。

乙合伙企业2019年的生产经营所得和其他所得为-100万元。

甲公司2019年企业所得税应纳税所得额为200万元。

提问:林老师,乙合伙企业2019年亏损100万元,甲公司在申报缴纳企业所得税时,可以按照分配比例20%计算20万元亏损抵减2019年盈利吗?

林老师解答

不可以。

◇ 政策依据

财政部 国家税务总局关于合伙企业合伙人所得税问题的通知

2008年12月23日 财税〔2008〕159号

四、合伙企业的合伙人按照下列原则确定应纳税所得额:

（一）合伙企业的合伙人以合伙企业的生产经营所得和其他所得，按照合伙协议约定的分配比例确定应纳税所得额。

……

五、合伙企业的合伙人是法人和其他组织的，合伙人在计算其缴纳企业所得税时，不得用合伙企业的亏损抵减其盈利。

划重点　消痛点

合伙企业生产经营所得和其他所得采取"先分后税"的原则。本案例中，假定乙合伙企业2019年的生产经营所得和其他所得为100万元，则甲公司应按照合伙协议约定的分配比例20%计算确定应纳税所得额20万元，其2019年企业所得税应纳税所得额为220万元（200+20）。

第150集

被投资企业亏损可以确认为投资方企业的投资损失吗？

2018年11月，丙公司向丁公司投资600万元，占丁公司注册资本的比例为60%，公司章程约定股东按照出资比例分配税后利润。

丁公司2019年企业所得税应纳税所得额为-500万元。

提问：林老师，丁公司2019年亏损500万元，丙公司在申报缴纳企业所得税时，可以按照出资比例60%计算应分摊的亏损额300万元作为投资损失吗？

第六章 亏损弥补

> 林老师解答

不可以。

◇ 政策依据

国家税务总局关于企业所得税若干问题的公告

2011年6月9日　国家税务总局公告2011年第34号

五、……

被投资企业发生的经营亏损，由被投资企业按规定结转弥补；投资企业不得调整减低其投资成本，也不得将其确认为投资损失。

> 划重点　消痛点

本案例中，假定丙公司向丁公司投资400万元，占丁公司注册资本的比例为40%，公司章程约定股东按照出资比例分配税后利润。丙公司对丁公司的长期股权投资采用权益法进行会计核算，丁公司2019年净利润为-600万元，则丙公司在会计处理时，应当按照承担的被投资单位丁公司发生的净损失确认为2019年投资收益-240万元（-600×40%）。丙公司在2019年度企业所得税汇算清缴时，该投资亏损240万元不能在税前扣除，应作纳税调整调整增加处理。

第二节　延长亏损结转年限

第 151 集
高新技术企业可以延长亏损结转年限吗？

戊公司 2020 年 11 月取得高新技术企业资格，该公司 2015 年至 2019 年连续 5 年均为亏损。

提问：林老师，戊公司 2015 年至 2019 年各年的亏损，可以延长亏损结转年限吗？

林老师解答

戊公司 2020 年具备高新技术企业资格，2015 年至 2019 年 5 个年度发生的尚未弥补完的亏损，可以结转以后年度弥补，最长结转年限由 5 年延长至 10 年。

◇ 政策依据

财政部　税务总局关于延长高新技术企业和科技型中小企业亏损结转年限的通知

2018 年 7 月 11 日　财税〔2018〕76 号

一、自 2018 年 1 月 1 日起，当年具备高新技术企业或科技型中小企业资格（以下统称资格）的企业，其具备资格年度之前 5 个年度发生的尚未弥补完的亏损，准予结转以后年度弥补，最长结转年限由 5 年延长至 10 年。

第六章 亏损弥补

二、本通知所称高新技术企业,是指按照《科技部 财政部 国家税务总局关于修订印发〈高新技术企业认定管理办法〉的通知》(国科发火〔2016〕32号)规定认定的高新技术企业;所称科技型中小企业,是指按照《科技部 财政部 国家税务总局关于印发〈科技型中小企业评价办法〉的通知》(国科发政〔2017〕115号)规定取得科技型中小企业登记编号的企业。

划重点　消痛点

本案例中,假定戊公司2020年度发生亏损100万元,2020年11月取得高新技术企业资格,请注意,高新技术企业亏损最长结转年限延长至10年,并非指2020年度发生的亏损的最长结转年限由5年延长至10年。

第152集　受新冠肺炎疫情影响较大的酒店2020年亏损,可以延长最长结转年限吗?

已公司是一家以提供住宿服务为主的五星级酒店,属于受新冠肺炎疫情影响较大的困难行业企业,2020年发生亏损300万元。已公司2020年度收入总额为1000万元,其中"主营业务收入——住宿收入"为800万元,未取得不征税收入和投资收益。

提问:林老师,已公司2020年度发生的亏损,可以延长亏损结转年限吗?

> **林老师解答**

己公司属于受新冠肺炎疫情影响较大的困难行业企业，2020年度"主营业务收入——住宿收入"800万元占收入总额（剔除不征税收入和投资收益）1000万元的80%，超过了50%，因此，己公司2020年度发生的亏损，最长结转年限由5年延长至8年。

◇ 政策依据

财政部 税务总局关于支持新型冠状病毒感染的肺炎疫情防控有关税收政策的公告

2020年2月6日 财政部 税务总局公告2020年第8号

四、受疫情影响较大的困难行业企业2020年度发生的亏损，最长结转年限由5年延长至8年。

困难行业企业，包括交通运输、餐饮、住宿、旅游（指旅行社及相关服务、游览景区管理两类）四大类，具体判断标准按照现行《国民经济行业分类》执行。困难行业企业2020年度主营业务收入须占收入总额（剔除不征税收入和投资收益）的50%以上。

国家税务总局关于支持新型冠状病毒感染的肺炎疫情防控有关税收征收管理事项的公告

2020年2月10日 国家税务总局公告2020年第4号

十、受疫情影响较大的困难行业企业按照8号公告第四条规定，适用延长亏损结转年限政策的，应当在2020年度企业所得税汇算清缴时，通过电子税务局提交《适用延长亏损结转年限政策声明》（见附件）。

第六章 亏损弥补

◇附件

适用延长亏损结转年限政策声明

纳税人名称：_____
纳税人识别号（统一社会信用代码）：_____

　　本纳税人符合《财政部　税务总局关于支持新型冠状病毒感染的肺炎疫情防控有关税收政策的公告》（2020年第8号）规定，且主营业务收入占比符合要求，确定适用延长亏损结转年限政策。行业属于（请从下表勾选，只能选择其一）：

行　　业	选　　项
交通运输	
餐饮	
住宿	
旅游	一
旅行社及相关服务	
游览景区管理	

　　以上声明根据实际经营情况作出，我确定它是真实的、准确的、完整的。

年　月　日
（纳税人签章）

划重点　消痛点

　　本案例中，假定己公司2020年度"主营业务收入——住宿收入"为400万元，其余条件不变。则该公司"主营业务收入——住宿收入"占收入总额（剔除不征税收入和投资收益）1000万元的40%，未超过50%，该公司2020年度发生的亏损，最长结转年限为5年，不能延长至8年。

溪发说税之企业所得税篇

扫码看视频

第 153 集
电影放映企业 2020 年亏损，最长结转年限可以延长吗？

庚公司是一家电影放映企业，属于电影行业企业，受新冠肺炎疫情影响较大，2020 年发生亏损 100 万元。

提问：林老师，庚公司 2020 年发生的亏损，可以延长亏损结转年限吗？

林老师解答

庚公司属于电影行业企业，2020 年度发生的亏损，最长结转年限由 5 年延长至 8 年。

◇ 政策依据

财政部 税务总局关于电影等行业税费支持政策的公告

2020 年 5 月 13 日 财政部 税务总局公告 2020 年第 25 号

二、对电影行业企业 2020 年度发生的亏损，最长结转年限由 5 年延长至 8 年。

电影行业企业限于电影制作、发行和放映等企业，不包括通过互联网、电信网、广播电视网等信息网络传播电影的企业。

划重点 消痛点

本案例中，假定庚公司是一家互联网电影企业，则不属于财政部、税务总局公告 2020 年第 25 号第二条第二款规定的电影行业企业，其 2020 年度发生的亏损，最长结转年限为 5 年，不能延长至 8 年。

第三节　亏损弥补其他规定

第 154 集
企业筹办期间可以计算为亏损年度吗？

辛公司 2019 年 12 月开始筹办，2020 年 1 月开始生产经营。

提问：林老师，辛公司 2019 年发生开办费支出，在申报缴纳企业所得税时，2019 年可以计算为亏损年度吗？

林老师解答

不可以。辛公司开始生产经营的年度 2020 年，作为开始计算企业损益的年度。

◇ 政策依据

**国家税务总局关于贯彻落实企业所得税法
若干税收问题的通知**

2010 年 2 月 22 日　国税函〔2010〕79 号

七、企业筹办期间不计算为亏损年度问题

企业自开始生产经营的年度，为开始计算企业损益的年度。企业从事生产经营之前进行筹办活动期间发生筹办费用支出，不得计算为当期的亏损，应按照《国家税务总局关于企业所得税若干税务事项衔接问题的通知》（国税函〔2009〕98 号）第九条规定执行。

国家税务总局关于企业所得税若干税务事项衔接问题的通知

2009年2月27日 国税函〔2009〕98号

九、关于开(筹)办费的处理

新税法中开(筹)办费未明确列作长期待摊费用,企业可以在开始经营之日的当年一次性扣除,也可以按照新税法有关长期待摊费用的处理规定处理,但一经选定,不得改变。

企业在新税法实施以前年度的未摊销完的开办费,也可根据上述规定处理。

划重点 消痛点

本案例中,假定辛公司2019年发生开办费支出2万元,按照企业会计准则规定记入"管理费用",则辛公司在计算申报2019年度企业所得税时,管理费用2万元应作纳税调整增加处理,不得计算为当年亏损;这些费用应于开始计算损益的年度即2020年,按税法规定计算扣除。

第155集

研发费用加计扣除形成的亏损,可以用以后年度所得弥补吗?

A公司不具备高新技术企业资格,也不具备科技型中小企业资格。A公司2019年发生研发费用,未形成无形资产计入当期损益,按照规定加计扣除后2019年度出现亏损。

提问:林老师,A公司2019年研发费用加计扣除部分形成的亏损,可以用以后年度所得弥补吗?

第六章 亏损弥补

林老师解答

A 公司 2019 年研发费用加计扣除部分形成的亏损,可以用以后年度所得弥补,但结转年限最长不得超过 5 年。

◇ 政策依据

国家税务总局关于企业所得税若干税务事项衔接问题的通知

2009 年 2 月 27 日　国税函〔2009〕98 号

八、关于技术开发费的加计扣除形成的亏损的处理

企业技术开发费加计扣除部分已形成企业年度亏损,可以用以后年度所得弥补,但结转年限最长不得超过 5 年。

财政部　税务总局　科技部
关于提高研究开发费用税前加计扣除比例的通知

2018 年 9 月 20 日　财税〔2018〕99 号

一、企业开展研发活动中实际发生的研发费用,未形成无形资产计入当期损益的,在按规定据实扣除的基础上,在 2018 年 1 月 1 日至 2020 年 12 月 31 日期间,再按照实际发生额的 75% 在税前加计扣除;形成无形资产的,在上述期间按照无形资产成本的 175% 在税前摊销。

划重点　消痛点

本案例中,A 公司发生符合税法规定的研发费用支出,不论其当年是盈利还是亏损,均可以加计扣除。

第 156 集
查增的应纳税所得额，可以弥补亏损吗？

税务机关 2020 年 10 月对 B 公司进行检查后，调增 B 公司 2019 年企业所得税应纳税所得额 100 万元。

B 公司 2019 年以前年度发生的属于企业所得税法规定允许弥补的亏损为 80 万元。

提问：林老师，B 公司 2019 年被调增的应纳税所得额 100 万元，可以弥补以前年度亏损 80 万元吗？

林老师解答

可以。

◇ 政策依据

国家税务总局关于查增应纳税所得额弥补以前年度亏损处理问题的公告

2010 年 10 月 27 日　国家税务总局公告 2010 年第 20 号

一、根据《中华人民共和国企业所得税法》（以下简称企业所得税法）第五条的规定，税务机关对企业以前年度纳税情况进行检查时调增的应纳税所得额，凡企业以前年度发生亏损、且该亏损属于企业所得税法规定允许弥补的，应允许调增的应纳税所得额弥补该亏损。弥补该亏损后仍有余额的，按照企业所得税法规定计算缴纳企业所得税。对检查调增的应纳税所得额应根据其情节，依照《中华人民共和国税收征收管理法》有关规定进行处理或处罚。

第六章 亏损弥补

> **中华人民共和国企业所得税法**
>
> 中华人民共和国主席令第二十三号修正
>
> 第五条 企业每一纳税年度的收入总额,减除不征税收入、免税收入、各项扣除以及允许弥补的以前年度亏损后的余额,为应纳税所得额。

划重点 消痛点

本案例中,假定B公司原申报的2019年企业所得税应纳税所得额为–10万元,其余条件不变,适用25%企业所得税税率,则经检查调整后:

2019年度应纳税所得额 = –10 + 100 – 80 = 10(万元)

2019年度应纳税额 = 10 × 25% = 2.5(万元)

第三篇　税收优惠篇

第七章　免税、减计收入

第一节　免税债券利息收入

第 157 集

企业购买国债持有至到期取得的国债利息收入，可以免征企业所得税吗？

2017年9月10日，丁公司购买财政部发行的3年期国债，发行时约定到期一次性还本付息。

该公司对上述购买的国债持有至到期日2020年9月10日，到期日取得了国债利息收入。

提问：林老师，该公司取得国债利息收入，可以免征企业所得税吗？

林老师解答

可以全额免征企业所得税。

◇ 政策依据

国家税务总局关于企业国债投资业务企业所得税处理问题的公告

2011年6月22日　国家税务总局公告2011年第36号

一、关于国债利息收入税务处理问题

……

（三）国债利息收入免税问题

根据企业所得税法第二十六条的规定，企业取得的国债利息收入，免征企业所得税。具体按以下规定执行：

1.企业从发行者直接投资购买的国债持有至到期，其从发行者取得的国债利息收入，全额免征企业所得税。

划重点　消痛点

本案例中，丁公司于到期日 2020 年 9 月 10 日取得国债利息收入共 15 万元，会计处理时在债券持有期间按月依据权责发生制确认利息收入，因此形成了税收和会计的差异，则丁公司利息收入纳税调整情况如表 1 所示。

表 1　　　　　　丁公司利息收入纳税调整情况　　　　　单位：万元

年度	2017	2018	2019	2020	合计
会计口径	1.53	5	5	3.47	15
税务口径	0	0	0	0	0
纳税调整	−1.53	−5	−5	−3.47	−15

第 158 集　企业转让国债，其持有期间尚未兑付的国债利息收入可以免征企业所得税吗？

戊公司 2020 年 6 月 9 日购买记账式附息国债，支付的买入价为 1020 万元、相关税费为 1 万元。该国债起息日为 2020 年 4 月 9 日，按年付息，5 年到期偿还本金并支付最后一次利息。

戊公司 2020 年 9 月 9 日将上述购买的国债转让，并于当日办妥了交易过户手续。取得转让价款 1030 万元（包含国债转让收入 1025 万元和持有期间尚未兑付的国债利息收入 5 万元），支付相关税费 1.3 万元。

第七章 免税、减计收入

> 提问：林老师，该公司取得持有期间尚未兑付的国债利息收入，可以免征企业所得税吗？

林老师解答

国债利息收入可以免征企业所得税。

◇ 政策依据

**国家税务总局关于企业国债投资业务
企业所得税处理问题的公告**

2011年6月22日　国家税务总局公告2011年第36号

一、关于国债利息收入税务处理问题

……

（二）国债利息收入计算

企业到期前转让国债、或者从非发行者投资购买的国债，其持有期间尚未兑付的国债利息收入，按以下公式计算确定：

国债利息收入 = 国债金额 ×（适用年利率 ÷ 365）× 持有天数

上述公式中的"国债金额"，按国债发行面值或发行价格确定；"适用年利率"按国债票面年利率或折合年收益率确定；如企业不同时间多次购买同一品种国债的，"持有天数"可按平均持有天数计算确定。

（三）国债利息收入免税问题

根据企业所得税法第二十六条的规定，企业取得的国债利息收入，免征企业所得税。具体按以下规定执行：

……

2.企业到期前转让国债、或者从非发行者投资购买的国债，其按本公告第一条第（二）项计算的国债利息收入，免征企业所得税。

第159集 国债转让收益可以免征企业所得税吗？

接前述第158集案例。

提问：林老师，该公司转让国债收益，可以免征企业所得税吗？

林老师解答

国债转让收益不可以免征企业所得税。

◇ 政策依据

国家税务总局关于企业国债投资业务企业所得税处理问题的公告

2011年6月22日　国家税务总局公告2011年第36号

二、关于国债转让收入税务处理问题

……

（三）国债转让收益（损失）征税问题

根据企业所得税法实施条例第十六条规定，企业转让国债，应作为转让财产，其取得的收益（损失）应作为企业应纳税所得额计算纳税。

划重点　消痛点

本案例和第158集案例戊公司取得的两种收入（收益），在计算申报企业所得税时，存在以下差异：

第七章 免税、减计收入

（1）取得的国债转让收益不能免征企业所得税；
（2）取得的持有期间尚未兑付的国债利息收入，免征企业所得税。

第 160 集

地方政府债券利息收入，可以免征企业所得税吗？

A 公司 2019 年 11 月购买地方政府债券，该债券属于经国务院批准同意，以省政府为发行和偿还主体的债券。

A 公司 2020 年 10 月取得该地方政府债券利息收入。

提问：林老师，A 公司取得的该地方政府债券利息收入，可以免征企业所得税吗？

林老师解答

可以。

◇ 政策依据

财政部　国家税务总局关于地方政府债券利息免征所得税问题的通知

2013 年 2 月 6 日　财税〔2013〕5 号

一、对企业和个人取得的 2012 年及以后年度发行的地方政府债券利息收入，免征企业所得税和个人所得税。

二、地方政府债券是指经国务院批准同意，以省、自治区、直辖市、计划单列市政府为发行和偿还主体的债券。

> **划重点　消痛点**

本案例中，A公司取得的地方政府债券利息收入，享受免征企业所得税优惠，需同时具备以下两个条件：

（1）该债券经国务院批准同意发行；

（2）该债券以省政府为发行和偿还主体。

第二节　免税股息、红利

第 161 集
居民企业之间的股息、红利，可以免征企业所得税吗？

居民企业 B 公司 2017 年 1 月向居民企业 C 公司投资，占 C 公司注册资本的 30%，公司章程约定股东按照出资比例分配税后利润。

2020 年 10 月 C 公司股东会作出决议，向股东分配税后利润 200 万元，其中 B 公司分得 60 万元。

提问：林老师，B 公司取得的红利 60 万元，可以免征企业所得税吗？

林老师解答

可以。

◇ 政策依据

中华人民共和国企业所得税法

中华人民共和国主席令第二十三号修正

第二十六条　企业的下列收入为免税收入：

……

（二）符合条件的居民企业之间的股息、红利等权益性投资收益；

……

中华人民共和国企业所得税法实施条例

中华人民共和国国务院令第714号修订

第八十三条 企业所得税法第二十六条第（二）项所称符合条件的居民企业之间的股息、红利等权益性投资收益，是指居民企业直接投资于其他居民企业取得的投资收益。企业所得税法第二十六条第（二）项和第（三）项所称股息、红利等权益性投资收益，不包括连续持有居民企业公开发行并上市流通的股票不足12个月取得的投资收益。

划重点 消痛点

本案例中，假定B公司2019年8月购买甲公司（境内上市公司）公开发行并上市流通的股票，2020年3月取得甲公司派发的现金红利，2020年7月B公司将持有的甲公司股票全部转让。因B公司连续持有甲公司股票不足12个月，其取得的股息、红利不能免征企业所得税。

第162集 外国投资者从外商投资企业取得的利润，可以免征企业所得税吗？

非居民企业D公司2004年1月向中国境内居民企业E公司投资，占E公司注册资本的45%，公司章程约定股东按照出资比例分配税后利润。E公司属于外商投资企业。

2020年10月E公司董事会作出决议，以2019年新增利润向股东分配税后利润100万元，其中D公司分得45万元，且已对外支付。

D公司在中国境内未设立机构、场所。

第七章 免税、减计收入

> 提问：林老师，D公司取得的红利45万元，可以免征企业所得税吗？

林老师解答

D公司取得的红利，是被投资企业E公司以2008年以后年度新增利润分配的，应依法缴纳企业所得税。

◇ 政策依据

**财政部 国家税务总局关于企业所得税
若干优惠政策的通知**

2008年2月22日 财税〔2008〕1号

四、关于外国投资者从外商投资企业取得利润的优惠政策

2008年1月1日之前外商投资企业形成的累积未分配利润，在2008年以后分配给外国投资者的，免征企业所得税；2008年及以后年度外商投资企业新增利润分配给外国投资者的，依法缴纳企业所得税。

划重点 消痛点

本案例中，假定D公司取得的红利是E公司用2008年1月1日之前形成的累计未分配利润分配的，则可以免征企业所得税。

第 163 集
证券投资基金取得股息、红利，可以免征企业所得税吗？

F 证券投资基金 2018 年 11 月通过证券市场购买 G 上市公司股票。

F 证券投资基金 2020 年 10 月从 G 上市公司分得股息、红利。

提问：林老师，F 证券投资基金取得股息、红利，可以免征企业所得税吗？

林老师解答

可以。

◇ 政策依据

**财政部　国家税务总局关于企业所得税
若干优惠政策的通知**

2008 年 2 月 22 日　财税〔2008〕1 号

二、关于鼓励证券投资基金发展的优惠政策

（一）对证券投资基金从证券市场中取得的收入，包括买卖股票、债券的差价收入，股权的股息、红利收入，债券的利息收入及其他收入，暂不征收企业所得税。

第七章 免税、减计收入

划重点　消痛点

根据财税〔2008〕1号文件第二条规定，除证券投资基金从证券市场中取得的收入之外，投资者从证券投资基金分配中取得的收入以及证券投资基金管理人运用基金买卖股票、债券的差价收入，均可暂不征收企业所得税。

第三节　清洁基金免税收入

第 164 集

中国清洁发展机制基金取得捐赠收入，可以免征企业所得税吗？

中国清洁发展机制基金 2020 年 10 月取得 H 公司捐赠 20 万元。

提问：林老师，中国清洁发展机制基金取得捐赠收入 20 万元，可以免征企业所得税吗？

林老师解答

可以。

◇ 政策依据

财政部　国家税务总局
关于中国清洁发展机制基金及清洁发展机制项目
实施企业有关企业所得税政策问题的通知

2009 年 3 月 23 日　财税〔2009〕30 号

一、关于清洁基金的企业所得税政策

对清洁基金取得的下列收入，免征企业所得税：

……

（四）国内外机构、组织和个人的捐赠收入。

第七章　免税、减计收入

> 划重点　消痛点

根据财税〔2009〕30号文件第一条的规定，清洁基金取得的收入，可以免征企业所得税的，除国内外机构、组织和个人的捐赠收入之外，还包括以下收入：

（1）CDM项目温室气体减排量转让收入上缴国家的部分；

（2）国际金融组织赠款收入；

（3）基金资金的存款利息收入、购买国债的利息收入。

第四节　非营利组织免税收入

第 165 集　享受免税资格的公立医院取得捐赠收入，需要缴纳企业所得税吗？

A 公立医院是经认定的享受免税资格的非营利组织，2020 年 9 月收到 B 公司捐款 10 万元。

提问：林老师，A 医院收到捐赠收入 10 万元，需要缴纳企业所得税吗？

林老师解答

A 医院取得的捐赠收入，免征企业所得税。

◇ 政策依据

财政部　国家税务总局
关于非营利组织企业所得税免税收入问题的通知

2009 年 11 月 11 日　财税〔2009〕122 号

一、非营利组织的下列收入为免税收入：

（一）接受其他单位或者个人捐赠的收入；

……

第七章 免税、减计收入

第 166 集 享受免税资格的基金会取得政府补助收入，需要缴纳企业所得税吗？

C 基金会是经认定的享受免税资格的非营利组织，2020 年 9 月收到县政府补助收入 2 万元。

提问：林老师，C 基金会收到政府补助收入 2 万元，需要缴纳企业所得税吗？

林老师解答

C 基金会取得的政府补助收入，免征企业所得税。

◇ 政策依据

财政部　国家税务总局关于非营利组织企业所得税免税收入问题的通知

2009 年 11 月 11 日　财税〔2009〕122 号

一、非营利组织的下列收入为免税收入：

……

（二）除《中华人民共和国企业所得税法》第七条规定的财政拨款以外的其他政府补助收入，但不包括因政府购买服务取得的收入；

……

第 167 集

享受免税资格的协会取得会费收入，需要缴纳企业所得税吗？

D 协会是经认定的享受免税资格的非营利组织，2020 年 10 月收到会员缴纳的会费收入 30 万元，该会费是按照省民政厅、财政厅规定收取的。

提问：林老师，D 协会收到会费收入 30 万元，需要缴纳企业所得税吗？

林老师解答

D 协会取得的会费收入，免征企业所得税。

◇ 政策依据

财政部　国家税务总局关于非营利组织企业所得税免税收入问题的通知

2009 年 11 月 11 日　财税〔2009〕122 号

一、非营利组织的下列收入为免税收入：

……

（三）按照省级以上民政、财政部门规定收取的会费；

……

划重点　消痛点

根据财税〔2009〕122 号文件第一条的规定，非营利组织取得的收入，

可以免征企业所得税，除本案例及前述第 165 集、第 166 集案例列举的收入之外，还包括以下收入：

（1）不征税收入和免税收入孳生的银行存款利息收入；

（2）财政部、国家税务总局规定的其他收入。

第五节　减计收入

第 168 集

资源综合利用收入,可以减计收入吗?

甲公司 2019 年用粉煤灰生产砖,属于以《资源综合利用企业所得税优惠目录(2008 年版)》(以下简称《目录》)中所列资源为主要原材料,生产《目录》内符合国家或行业相关标准的产品。甲公司对该项产品收入单独进行会计核算。

提问:林老师,甲公司取得的该项产品收入,在计算企业所得税应纳税所得额时,可以减按 90% 计入收入总额吗?

林老师解答

可以。

◇ 政策依据

中华人民共和国企业所得税法

中华人民共和国主席令第二十三号修正

第三十三条　企业综合利用资源,生产符合国家产业政策规定的产品所取得的收入,可以在计算应纳税所得额时减计收入。

第七章 免税、减计收入

中华人民共和国企业所得税法实施条例

中华人民共和国国务院令第714号修订

第九十九条 企业所得税法第三十三条所称减计收入，是指企业以《资源综合利用企业所得税优惠目录》规定的资源作为主要原材料，生产国家非限制和禁止并符合国家和行业相关标准的产品取得的收入，减按90%计入收入总额。

前款所称原材料占生产产品材料的比例不得低于《资源综合利用企业所得税优惠目录》规定的标准。

财政部 国家税务总局关于执行资源综合利用企业所得税优惠目录有关问题的通知

2008年9月23日 财税〔2008〕47号

一、企业自2008年1月1日起以《目录》中所列资源为主要原材料，生产《目录》内符合国家或行业相关标准的产品取得的收入，在计算应纳税所得额时，减按90%计入当年收入总额。享受上述税收优惠时，《目录》内所列资源占产品原料的比例应符合《目录》规定的技术标准。

二、企业同时从事其他项目而取得的非资源综合利用收入，应与资源综合利用收入分开核算，没有分开核算的，不得享受优惠政策。

三、企业从事不符合实施条例和《目录》规定范围、条件和技术标准的项目，不得享受资源综合利用企业所得税优惠政策。

财政部 国家税务总局 国家发展改革委 关于公布资源综合利用企业所得税优惠目录（2008年版）的通知

2008年8月20日 财税〔2008〕117号

《资源综合利用企业所得税优惠目录（2008年版）》，已经国务院批准，现予以公布，自 2008 年 1 月 1 日起施行。2004 年 1 月 12 日国家发展改革委、财政部、国家税务总局发布的《资源综合利用目录（2003 年修订）》同时废止。

划重点　消痛点

本案例中，假定甲公司对该项产品收入未能单独进行会计核算，则在计算申报企业所得税时，不能享受减计收入优惠。

第 169 集

种植业保费收入，可以减计收入吗？

乙公司是一家保险公司，2020 年为种植业提供保险业务，取得了保费收入。乙公司对该项保费收入单独进行会计核算。

提问：林老师，乙公司取得的种植业保费收入，在计算企业所得税应纳税所得额时，可以减按 90% 计入收入总额吗？

林老师解答

可以。

◇ 政策依据

财政部　国家税务总局关于延续支持农村金融发展有关税收政策的通知

2017 年 6 月 9 日　财税〔2017〕44 号

三、自 2017 年 1 月 1 日至 2019 年 12 月 31 日，对保险公司为种植业、

第七章 免税、减计收入

养殖业提供保险业务取得的保费收入，在计算应纳税所得额时，按90%计入收入总额。

财政部 税务总局关于延续实施普惠金融有关税收优惠政策的公告

2020年4月20日 财政部 税务总局公告2020年第22号

《财政部 税务总局关于延续支持农村金融发展有关税收政策的通知》（财税〔2017〕44号）、《财政部 税务总局关于小额贷款公司有关税收政策的通知》（财税〔2017〕48号）、《财政部 税务总局关于支持小微企业融资有关税收政策的通知》（财税〔2017〕77号）、《财政部 税务总局关于租入固定资产进项税额抵扣等增值税政策的通知》（财税〔2017〕90号）中规定于2019年12月31日执行到期的税收优惠政策，实施期限延长至2023年12月31日。

划重点 消痛点

根据财政部、税务总局公告2020年第22号规定，保险公司为种植业、养殖业提供保险业务取得的保费收入，在计算申报企业所得税时，享受减计收入优惠的实施期限延长至2023年12月31日；而前述第168集案例资源综合利用收入享受减计收入优惠，相关文件未规定实施期限截止日。

第 170 集

中国铁路建设债券利息收入，可以减计收入吗？

丙公司 2019 年 9 月购买中国铁路建设债券，2020 年 9 月取得了利息收入。甲公司对该项利息收入单独进行会计核算。

提问：林老师，丙公司取得的中国铁路建设债券利息收入，在计算企业所得税应纳税所得额时，可以减半征收企业所得税吗？

林老师解答

可以。

◇ 政策依据

财政部　税务总局关于铁路债券利息收入所得税政策的公告

2019 年 4 月 16 日　财政部　税务总局公告 2019 年第 57 号

一、对企业投资者持有 2019—2023 年发行的铁路债券取得的利息收入，减半征收企业所得税。

……

三、铁路债券是指以中国铁路总公司为发行和偿还主体的债券，包括中国铁路建设债券、中期票据、短期融资券等债务融资工具。

划重点　消痛点

本案例与前述第 169 集案例种植业、养殖业保费收入相比较，在计算申报企业所得税时，享受减税优惠的幅度存在以下差异：

第七章 免税、减计收入

（1）取得的铁路债券利息收入，减半征收企业所得税；
（2）取得的种植业、养殖业保费收入，按90%计入收入总额。

第171集 社区家政服务收入，可以减计收入吗？

丁公司是一家为社区提供家政服务的机构，2020年进入社区家庭成员住所为婴幼儿、老人提供照护服务，取得了服务收入。丁公司对该项服务收入单独进行会计核算。

提问：林老师，丁公司取得的社区家政服务收入，在计算企业所得税应纳税所得额时，可以减按90%计入收入总额吗？

林老师解答

可以。

◇ 政策依据

财政部　税务总局　发展改革委
民政部　商务部　卫生健康委
关于养老、托育、家政等社区家庭服务业税费优惠政策的公告

2019年6月28日　财政部公告2019年第76号

一、为社区提供养老、托育、家政等服务的机构，按照以下规定享受税费优惠政策：

……

（二）提供社区养老、托育、家政服务取得的收入，在计算应纳税所得额时，减按90%计入收入总额。

> ……
>
> 三、本公告所称社区是指聚居在一定地域范围内的人们所组成的社会生活共同体，包括城市社区和农村社区。
>
> ……
>
> 为社区提供家政服务的机构，是指以家庭为服务对象，为社区居民提供家政服务的企业、事业单位和社会组织。社区家政服务是指进入家庭成员住所或医疗机构为孕产妇、婴幼儿、老人、病人、残疾人提供的照护服务，以及进入家庭成员住所提供的保洁、烹饪等服务。
>
> ……
>
> 六、本公告自2019年6月1日起执行至2025年12月31日。

划重点　消痛点

根据财政部公告2019年第76号的规定，在计算申报企业所得税时，社区家庭服务业收入可以减按90%计入收入总额的，除本案例列举的提供社区家政服务取得的收入之外，还包括提供社区养老、托育服务取得的收入。

知识链接

1. 什么是为社区提供养老服务的机构？

财政部公告2019年第76号第三条第二款规定，为社区提供养老服务的机构，是指在社区依托固定场所设施，采取全托、日托、上门等方式，为社区居民提供养老服务的企业、事业单位和社会组织。社区养老服务是指为老年人提供的生活照料、康复护理、助餐助行、紧急救援、精神慰藉等服务。

2. 什么是为社区提供托育服务的机构？

财政部公告 2019 年第 76 号第三条第三款规定，为社区提供托育服务的机构，是指在社区依托固定场所设施，采取全日托、半日托、计时托、临时托等方式，为社区居民提供托育服务的企业、事业单位和社会组织。社区托育服务是指为 3 周岁（含）以下婴幼儿提供的照料、看护、膳食、保育等服务。

第八章　加计扣除与加速折旧

第一节　安置残疾人员支付工资加计扣除

第 172 集

安置残疾人员所支付的工资，可以税前加计扣除吗？

甲公司 2019 年安置残疾人员就业，符合《财政部　国家税务总局关于安置残疾人员就业有关企业所得税优惠政策问题的通知》（财税〔2009〕70 号）第二条和第三条的相关规定。

提问：林老师，甲公司安置残疾人员就业，在按照支付给残疾职工工资据实扣除的基础上，可以在计算企业所得税应纳税所得额时按照支付给残疾职工工资的 100% 加计扣除吗？

林老师解答

可以。

◇ **政策依据**

中华人民共和国企业所得税法

中华人民共和国主席令第二十三号修正

第三十条　企业的下列支出，可以在计算应纳税所得额时加计扣除：

……

（二）安置残疾人员及国家鼓励安置的其他就业人员所支付的工资。

第八章 加计扣除与加速折旧

中华人民共和国企业所得税法实施条例

中华人民共和国国务院令第 714 号修订

第九十六条 企业所得税法第三十条第（二）项所称企业安置残疾人员所支付的工资的加计扣除，是指企业安置残疾人员的，在按照支付给残疾职工工资据实扣除的基础上，按照支付给残疾职工工资的 100% 加计扣除。残疾人员的范围适用《中华人民共和国残疾人保障法》的有关规定。

财政部　国家税务总局关于安置残疾人员就业有关企业所得税优惠政策问题的通知

2009 年 4 月 30 日　财税〔2009〕70 号

一、企业安置残疾人员的，在按照支付给残疾职工工资据实扣除的基础上，可以在计算应纳税所得额时按照支付给残疾职工工资的 100% 加计扣除。

企业就支付给残疾职工的工资，在进行企业所得税预缴申报时，允许据实计算扣除；在年度终了进行企业所得税年度申报和汇算清缴时，再依照本条第一款的规定计算加计扣除。

划重点　消痛点

企业享受安置残疾人员支付工资加计扣除的，残疾人员的范围适用《中华人民共和国残疾人保障法》的有关规定。

企业享受安置残疾职工工资 100% 加计扣除，应同时具备下列条件：

（1）依法与安置的每位残疾人签订了 1 年以上（含 1 年）的劳动合同或服务协议，并且安置的每位残疾人在企业实际上岗工作；

（2）为安置的每位残疾人按月足额缴纳了企业所在区县人民政府根据国家政策规定的基本养老保险、基本医疗保险、失业保险和工伤保险等社会保险；

（3）定期通过银行等金融机构向安置的每位残疾人实际支付了不低于企业所在区县适用的经省级人民政府批准的最低工资标准的工资；

（4）具备安置残疾人上岗工作的基本设施。

第二节　研发费用加计扣除

第 173 集
研究开发费用税前加计扣除如何计算？

扫码看视频

A 公司 2019 年开展研发活动发生研发费用 60 万元，未形成无形资产直接计入当期损益，该 60 万元均属于允许税前加计扣除的研发费用。

提问：林老师，A 公司 2019 年度研发费用税前加计扣除应如何计算？

林老师解答

A 公司 2019 年发生的研发费用在按规定据实扣除的基础上，再按照允许税前加计扣除的研发费用 60 万元的 75% 即 45 万元，在 2019 年企业所得税税前加计扣除。

◇ 政策依据

财政部　税务总局　科技部
关于提高研究开发费用税前加计扣除比例的通知

2018 年 9 月 20 日　财税〔2018〕99 号

一、企业开展研发活动中实际发生的研发费用，未形成无形资产计入当期损益的，在按规定据实扣除的基础上，在 2018 年 1 月 1 日至 2020 年 12 月 31 日期间，再按照实际发生额的 75% 在税前加计扣除；

形成无形资产的,在上述期间按照无形资产成本的175%在税前摊销。

二、企业享受研发费用税前加计扣除政策的其他政策口径和管理要求按照《财政部 国家税务总局 科技部关于完善研究开发费用税前加计扣除政策的通知》(财税〔2015〕119号)、《财政部 税务总局 科技部关于企业委托境外研究开发费用税前加计扣除有关政策问题的通知》(财税〔2018〕64号)、《国家税务总局关于企业研究开发费用税前加计扣除政策有关问题的公告》(国家税务总局公告2015年第97号)等文件规定执行。

划重点 消痛点

本案例中,假定A公司2019年研发费用形成无形资产,并从2020年1月1日开始摊销,则在2020年按照无形资产成本的175%在税前摊销。

第174集
研发人员工资、社保和住房公积金,可以计入税前加计扣除的研发费用吗?

B公司开展研发活动,2019年发生直接从事研发活动研发人员工资、薪金支出80万元,基本养老保险费、基本医疗保险费、失业保险费、工伤保险费和生育保险费等基本社会保险费公司缴费部分12万元,住房公积金公司缴费部分8万元,合计100万元。

提问:林老师,B公司发生的研发人员工资薪金、基本社会保险费和住房公积金100万元,可以计入税前加计扣除的研发费用吗?

第八章 加计扣除与加速折旧

林老师解答

可以。

◇ 政策依据

财政部 国家税务总局 科技部
关于完善研究开发费用税前加计扣除政策的通知

2015年11月2日 财税〔2015〕119号

一、研发活动及研发费用归集范围。

……

（一）允许加计扣除的研发费用。

……

1. 人员人工费用。

直接从事研发活动人员的工资薪金、基本养老保险费、基本医疗保险费、失业保险费、工伤保险费、生育保险费和住房公积金，以及外聘研发人员的劳务费用。

国家税务总局关于研发费用税前加计
扣除归集范围有关问题的公告

2017年11月8日 国家税务总局公告2017年第40号

一、人员人工费用

指直接从事研发活动人员的工资薪金、基本养老保险费、基本医疗保险费、失业保险费、工伤保险费、生育保险费和住房公积金，以及外聘研发人员的劳务费用。

（一）直接从事研发活动人员包括研究人员、技术人员、辅助人员。研究人员是指主要从事研究开发项目的专业人员；技术人员是指具有工程技术、自然科学和生命科学中一个或一个以上领域的技术知识和经验，在研究人员指导下参与研发工作的人员；辅助人员是指参与研究开发活动的技工。外聘研发人员是指与本企业或劳务派遣企业签订劳务用工协议（合同）和临时聘用的研究人员、技术人员、辅助人员。

划重点　消痛点

本案例中，假定 B 公司发生外聘研发人员劳务费用 20 万元，这项费用也可以计入税前加计扣除的研发费用（人员人工费用）。

第 175 集

研发人员股权激励支出，可以计入税前加计扣除的研发费用吗？

扫码看视频

C 公司是一家境内上市公司，开展研发活动，2020 年 10 月发生直接从事研发活动研发人员股权激励支出，该股权激励支出符合《国家税务总局关于我国居民企业实行股权激励计划有关企业所得税处理问题的公告》（国家税务总局公告 2012 年第 18 号）第一条和第二条的规定，作为工资、薪金支出在 2020 年度企业所得税税前扣除。

提问：林老师，C 公司发生的研发人员股权激励支出，可以计入税前加计扣除的研发费用吗？

第八章 加计扣除与加速折旧

> **林老师解答**
>
> 可以。
>
> ◇ 政策依据
>
> **国家税务总局关于研发费用税前加计扣除**
> **归集范围有关问题的公告**
>
> 2017年11月8日　国家税务总局公告2017年第40号
>
> 一、人员人工费用
>
> ……
>
> （二）工资薪金包括按规定可以在税前扣除的对研发人员股权激励的支出。

> **划重点　消痛点**

本案例中，假定C公司根据股权激励计划，2018年10月授予研发人员股票期权，同时约定可在2020年10月行权。C公司在计算申报企业所得税时，等待期内（2018年至2019年）会计上确认的成本费用不能在对应年度税前扣除，也不能加计扣除。2020年10月研发人员行权，C公司根据该股票实际行权时的公允价格与实际行权支付价格的差额及数量，计算确定作为2020年工资、薪金支出，依照税法规定进行税前扣除，并计入研发费用加计扣除。

第 176 集

研发仪器租赁费，可以计入税前加计扣除的研发费用吗？

D公司2020年10月以经营租赁方式租入仪器，同时用于研发活动和非研发活动。

D公司对该仪器使用情况进行记录，并将其实际发生的仪器租赁费4万元，按实际工时占比在研发费用和生产经营费用间分配，其中研发费用3万元、生产经营费用1万元。

提问：林老师，D公司发生的仪器租赁费4万元，可以计入税前加计扣除的研发费用吗？

林老师解答

D公司发生的仪器租赁费4万元，其中，研发费用3万元可以计入税前加计扣除的研发费用，生产经营费用1万元不得计入税前加计扣除的研发费用。

◇ 政策依据

**国家税务总局关于研发费用税前加计扣除
归集范围有关问题的公告**

2017年11月8日　国家税务总局公告2017年第40号

二、直接投入费用

……

（一）以经营租赁方式租入的用于研发活动的仪器、设备，同时用于非研发活动的，企业应对其仪器设备使用情况做必要记录，并将其实际发生的租赁费按实际工时占比等合理方法在研发费用和生产经营费用间分配，未分配的不得加计扣除。

第八章 加计扣除与加速折旧

划重点 消痛点

本案例中，假定 D 公司未对该仪器使用情况进行记录，未将实际发生的租赁费 4 万元在研发费用和生产经营费用间分配，则 D 公司发生的研发仪器租赁费不能加计扣除。

第 177 集 研发活动直接形成产品对外销售，研发费用中对应的材料费用可以税前加计扣除吗？

E 公司开展研发活动，2019 年研发活动直接形成产品对外销售，当年发生的研发费用中对应的材料费用为 30 万元，当年的研发费用为 500 万元。

提问：林老师，E 公司研发费用中对应的材料费用 30 万元，可以税前加计扣除吗？

林老师解答

E 公司研发费用中对应的材料费用 30 万元不得加计扣除，应冲减当年的研发费用。

◇ 政策依据

国家税务总局关于研发费用税前加计扣除归集范围有关问题的公告

2017 年 11 月 8 日　国家税务总局公告 2017 年第 40 号

二、直接投入费用

……

（二）企业研发活动直接形成产品或作为组成部分形成的产品对外销售的，研发费用中对应的材料费用不得加计扣除。

划重点　消痛点

本案例中，假定 E 公司 2020 年研发活动直接形成产品对外销售，对应的材料费用 100 万元发生于 2019 年并已计入 2019 年研发费用，2020 年的研发费用为 80 万元，则可在销售当年即 2020 年以对应的材料费用发生额直接冲减 2020 年的研发费用 80 万元，不足冲减的 20 万元，结转以后年度继续冲减。

第 178 集
研发仪器加速折旧，折旧费用税前加计扣除如何计算？

F 公司 2018 年 12 月购入一台仪器，当月投入使用。该台仪器专门用于研发活动，计税基础 60 万元（不含增值税），会计处理按照 10 年计提折旧，税法规定的最低折旧年限为 10 年，不考虑残值。

F 公司在计算缴纳企业所得税时，该台仪器可以选择享受加速折旧税收优惠，F 公司对该台仪器选择按 6 年计提折旧。

该台仪器在 6 年内用途未发生改变，每年均符合加计扣除政策规定。

提问：林老师，F 公司 2019 年度研发费用中，该台仪器折旧费用税前加计扣除应如何计算？

第八章 加计扣除与加速折旧

> **林老师解答**

F公司在进行会计处理时,该台仪器2019年计提折旧额为6万元(60÷10)。

F公司在进行企业所得税处理时,该台仪器2019年计提折旧额为10万元(60÷6)。

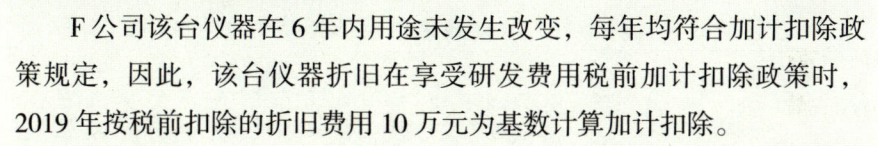

F公司该台仪器在6年内用途未发生改变,每年均符合加计扣除政策规定,因此,该台仪器折旧在享受研发费用税前加计扣除政策时,2019年按税前扣除的折旧费用10万元为基数计算加计扣除。

◇ 政策依据

国家税务总局关于研发费用税前加计扣除归集范围有关问题的公告

2017年11月8日　国家税务总局公告2017年第40号

三、折旧费用

……

(二)企业用于研发活动的仪器、设备,符合税法规定且选择加速折旧优惠政策的,在享受研发费用税前加计扣除政策时,就税前扣除的折旧部分计算加计扣除。

> **划重点　消痛点**

本案例中,F公司该台仪器在享受加速折旧税收优惠后,还可以享受加计扣除优惠。由此可见,企业用于研发活动的仪器、设备,加速折旧税收优惠与研发费用加计扣除税收优惠可以叠加享受。

另外,本案例中,F公司该台仪器在投入使用后的第7年至第10年,在计算申报企业所得税时,该台仪器每年折旧额为0,计入研发费用金额为0,加计扣除也为0。

第179集
研发软件加速摊销，摊销费用税前加计扣除如何计算？

G公司2018年12月购入一套软件，当月投入使用。该套软件专门用于研发活动，计税基础30万元（不含增值税），会计处理按照3年计提摊销，税法规定的最低摊销年限为3年，不考虑残值。

G公司在计算缴纳企业所得税时，该套软件可以选择享受加速摊销税收优惠，G公司对该套软件选择按2年摊销。

该套软件在2年内用途未发生改变，每年均符合加计扣除政策规定。

提问：林老师，G公司2019年度研发费用中，该套软件摊销费用税前加计扣除应如何计算？

林老师解答

G公司在进行会计处理时，该套软件2019年摊销费用为10万元（30÷3）。

G公司在进行企业所得税处理时，该套软件2019年摊销费用为15万元（30÷2）。

G公司该套软件在2年内用途未发生改变，每年均符合加计扣除政策规定，因此，该套软件摊销费用在享受研发费用税前加计扣除政策时，2019年按税前扣除的摊销费用15万元为基数计算加计扣除。

第八章 加计扣除与加速折旧

◇ 政策依据

国家税务总局关于研发费用税前加计扣除
归集范围有关问题的公告

2017年11月8日　国家税务总局公告2017年第40号

四、无形资产摊销费用

……

（二）用于研发活动的无形资产，符合税法规定且选择缩短摊销年限的，在享受研发费用税前加计扣除政策时，就税前扣除的摊销部分计算加计扣除。

划重点　消痛点

本案例和前述第178集案例中，企业用于研发活动的仪器、设备或无形资产，在加速折旧或摊销的年限内用途未发生改变，每年均符合加计扣除政策规定的，企业选择加速折旧或缩短摊销年限，在享受研发费用税前加计扣除政策时，就税前扣除的折旧或摊销部分计算加计扣除。

第180集　新药研制的临床试验费，可以计入税前加计扣除的研发费用吗？

扫码看视频

H公司是一家制药企业，2019年开展研发活动，发生新药研制临床试验费。

提问：林老师，H公司发生的新药研制临床试验费，可以计入税前加计扣除的研发费用吗？

林老师解答

可以。

◇ **政策依据**

国家税务总局关于研发费用税前加计扣除
归集范围有关问题的公告

2017年11月8日　国家税务总局公告2017年第40号

五、新产品设计费、新工艺规程制定费、新药研制的临床试验费、勘探开发技术的现场试验费

指企业在新产品设计、新工艺规程制定、新药研制的临床试验、勘探开发技术的现场试验过程中发生的与开展该项活动有关的各类费用。

划重点　消痛点

国家税务总局公告2017年第40号第五条规定的可以加计扣除的四项费用为正向列举，且在列举项目后没有加"等"字，大家注意不要擅自扩大范围。

第181集

税前加计扣除的与研发活动直接相关的其他费用，应如何计算？

I公司2019年开展研发活动，研发活动均符合加计扣除相关规定，共有甲、乙、丙三个研发项目，发生的研发费用情况如下：

（1）甲项目发生研发费用50万元，其中与研发活动直接相关的其他费用6万元；

第八章 加计扣除与加速折旧

（2）乙项目发生研发费用 40 万元，其中与研发活动直接相关的其他费用 3 万元；

（3）丙项目发生研发费用 60 万元，其中与研发活动直接相关的其他费用 6 万元。

提问：林老师，I 公司 2019 年三个研发项目可以税前加计扣除的与研发活动直接相关的其他费用，应如何计算？

林老师解答

I 公司可以税前加计扣除的与研发活动直接相关的其他费用，计算如下：

（1）甲项目其他相关费用限额 =（50－6）×10%÷（1－10%）= 4.89（万元），小于实际发生数 6 万元，因此，甲项目可以税前加计扣除的与研发活动直接相关的其他费用为 4.89 万元；

（2）乙项目其他相关费用限额 =（40－3）×10%÷（1－10%）= 4.11（万元），大于实际发生数 3 万元，因此，乙项目可以税前加计扣除的与研发活动直接相关的其他费用为 3 万元；

（3）丙项目其他相关费用限额 =（60－6）×10%÷（1－10%）= 6（万元），等于实际发生数 6 万元，因此，丙项目可以税前加计扣除的与研发活动直接相关的其他费用为 6 万元。

◇ 政策依据

国家税务总局关于企业研究开发费用税前加计扣除政策有关问题的公告

2015 年 12 月 29 日　国家税务总局公告 2015 年第 97 号

二、研发费用归集

……

（三）其他相关费用的归集与限额计算

企业在一个纳税年度内进行多项研发活动的，应按照不同研发项目分别归集可加计扣除的研发费用。在计算每个项目其他相关费用的限额时应当按照以下公式计算：

其他相关费用限额=《通知》第一条第一项允许加计扣除的研发费用中的第1项至第5项的费用之和 $\times 10\% / (1-10\%)$。

当其他相关费用实际发生数小于限额时，按实际发生数计算税前加计扣除数额；当其他相关费用实际发生数大于限额时，按限额计算税前加计扣除数额。

划重点　消痛点

本案例中，I公司可以税前加计扣除的与研发活动直接相关的其他费用，应按照甲、乙、丙三个研发项目分别计算每个项目其他相关费用的限额，而不是将三个研发项目合并计算其他相关费用的限额。

第 182 集
研发人员福利费，计入研发人员人工费用吗？

J公司开展研发活动，2020年10月发生可以税前加计扣除的研发人员福利费3万元。

提问：林老师，J公司发生的研发人员福利费，可以计入税前加计扣除研发费用中的"人员人工费用"吗？

第八章 加计扣除与加速折旧

林老师解答

不可以。J公司发生的研发人员福利费,应计入税前加计扣除研发费用中的"与研发活动直接相关的其他费用"。

◇ 政策依据

国家税务总局关于研发费用税前加计扣除
归集范围有关问题的公告

2017年11月8日　国家税务总局公告2017年第40号

六、其他相关费用

指与研发活动直接相关的其他费用,如技术图书资料费、资料翻译费、专家咨询费、高新科技研发保险费、研发成果的检索、分析、评议、论证、鉴定、评审、评估、验收费用,知识产权的申请费、注册费、代理费,差旅费、会议费,职工福利费、补充养老保险费、补充医疗保险费。

划重点　消痛点

国家税务总局公告2017年第40号第六条规定,研发人员的补充养老保险费、补充医疗保险费也是计入其他相关费用,而不是计入"人员人工费用"。请注意,其他相关费用不得超过可加计扣除研发费用总额的10%,而人员人工费用没有规定限额。

第 183 集

取得政府补助直接冲减研发费用，税前加计扣除的研发费用如何计算？

K 公司开展研发活动，2019 年发生研发费用 300 万元，属于允许税前加计扣除的研发费用。

K 公司 2019 年取得政府补助 60 万元，会计处理时直接冲减研发费用，税务处理时未将该政府补助确认为应税收入。2019 年研发费用账载金额 240 万元，未形成无形资产计入当期损益。

提问：林老师，K 公司 2019 年研发费用税前加计扣除应如何计算？

林老师解答

K 公司按照冲减政府补助后的研发费用余额 240 万元的 75%，即 180 万元，在 2019 年企业所得税税前加计扣除。

◇ 政策依据

国家税务总局关于研发费用税前加计扣除归集范围有关问题的公告

2017 年 11 月 8 日　国家税务总局公告 2017 年第 40 号

七、其他事项

（一）企业取得的政府补助，会计处理时采用直接冲减研发费用方法且税务处理时未将其确认为应税收入的，应按冲减后的余额计算加计扣除金额。

第八章 加计扣除与加速折旧

划重点　消痛点

本案例中，假定 K 公司税务处理时将该政府补助 60 万元确认为应税收入，则无须按冲减后的余额计算加计扣除金额，而应按当年实际发生的研发费用 300 万元的 75% 即 225 万元，在 2019 年企业所得税税前加计扣除。

第 184 集　研发过程中形成下脚料收入，税前加计扣除的研发费用如何计算？

L 公司开展研发活动，2019 年发生研发费用 210 万元，未形成无形资产计入当期损益，该 210 万元均属于允许税前加计扣除的研发费用。当年处置研发过程中形成的下脚料，取得收入 10 万元。

提问：林老师，L 公司 2019 年研发费用税前加计扣除应如何计算？

林老师解答

L 公司应按照抵减下脚料收入 10 万元后的余额 200 万元，作为可税前加计扣除的研发费用，2019 年研发费用税前加计扣除额为 150 万元（200×75%）。

277

溪发说税之企业所得税篇

◇ 政策依据

**国家税务总局关于研发费用税前加计扣除
归集范围有关问题的公告**

2017年11月8日　国家税务总局公告2017年第40号

七、其他事项

……

（二）企业取得研发过程中形成的下脚料、残次品、中间试制品等特殊收入，在计算确认收入当年的加计扣除研发费用时，应从已归集研发费用中扣减该特殊收入，不足扣减的，加计扣除研发费用按零计算。

划重点　消痛点

国家税务总局公告2017年第40号第七条第（二）项规定的特殊收入，除本案例研发过程中形成的下脚料收入之外，还包含研发过程中形成的残次品、中间试制品收入。

第185集　失败的研发活动所发生的研发费用，可以享受税前加计扣除政策吗？

L公司2019年开展研发活动，其中丁研发项目研发失败。

提问：林老师，L公司开展的丁研发项目失败，该项目发生的研发费用可以享受税前加计扣除政策吗？

扫码看视频

第八章 加计扣除与加速折旧

林老师解答

可以。

◇ 政策依据

国家税务总局关于研发费用税前加计扣除归集范围有关问题的公告

2017年11月8日　国家税务总局公告2017年第40号

七、其他事项

……

（四）失败的研发活动所发生的研发费用可享受税前加计扣除政策。

划重点　消痛点

企业开展研发活动，可能成功，也可能失败，将失败的研发项目所发生的研发费用纳入享受税前加计扣除范围，体现税收政策对研发创新的鼓励与支持。

第186集

受托方可以享受受托研发费用税前加计扣除政策吗？

扫码看视频

M公司2019年委托N公司开展戊项目研发活动，该项目当年发生委托研发费用100万元。

提问：林老师，M公司2019年发生的戊项目委托研发费用100万元，未享受研发费用税前加计扣除政策，受托方N公司可以税前加计扣除吗？

林老师解答

不可以。

◇ 政策依据

**国家税务总局关于研发费用税前加计扣除
归集范围有关问题的公告**

2017年11月8日　国家税务总局公告2017年第40号

七、其他事项

……

（五）国家税务总局公告2015年第97号第三条所称"研发活动发生费用"是指委托方实际支付给受托方的费用。无论委托方是否享受研发费用税前加计扣除政策，受托方均不得加计扣除。

**国家税务总局关于企业研究开发费用税前
加计扣除政策有关问题的公告**

2015年12月29日　国家税务总局公告2015年第97号

三、委托研发

企业委托外部机构或个人开展研发活动发生的费用，可按规定税前扣除；加计扣除时按照研发活动发生费用的80%作为加计扣除基数。委托个人研发的，应凭个人出具的发票等合法有效凭证在税前加计扣除。

划重点　消痛点

本案例中，假定M公司与N公司为关联方，则M公司当年发生的戊项目委托研发费用100万元在计算加计扣除时，应取得受托方N公司研发过程中实际发生的研发项目费用支出明细情况。

第八章 加计扣除与加速折旧

第 187 集

委托境外研究开发费用可以税前加计扣除吗？

A 公司开展研发活动，2019 年发生符合税前扣除条件的研发费用 1500 万元，其中 300 万元为委托境外机构进行研发活动所发生的费用。

提问：林老师，A 公司委托境外进行研发活动所发生的费用，可以税前加计扣除吗？

林老师解答

A 公司委托境外进行研发活动所发生的费用，按照费用实际发生额的 80% 计入委托方的委托境外研发费用，即 240 万元。

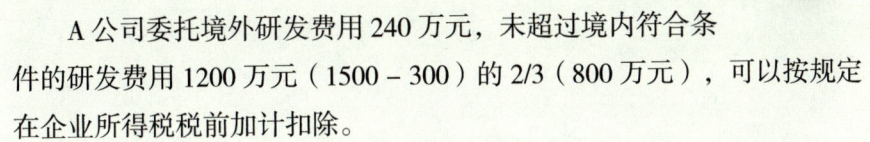

A 公司委托境外研发费用 240 万元，未超过境内符合条件的研发费用 1200 万元（1500－300）的 2/3（800 万元），可以按规定在企业所得税税前加计扣除。

◇ 政策依据

财政部　税务总局　科技部关于企业委托境外研究开发费用税前加计扣除有关政策问题的通知

2018 年 6 月 25 日　财税〔2018〕64 号

一、委托境外进行研发活动所发生的费用，按照费用实际发生额的 80% 计入委托方的委托境外研发费用。委托境外研发费用不超过境内符合条件的研发费用三分之二的部分，可以按规定在企业所得税前加计扣除。

六、本通知所称委托境外进行研发活动不包括委托境外个人进行的研发活动。

划重点　消痛点

本案例中,假定 A 公司委托境外机构进行研发活动所发生的费用为 720 万元,其余条件不变,则:

A 公司委托境外进行研发活动所发生的费用,按照费用实际发生额的 80% 即 576 万元计入委托方的委托境外研发费用。

A 公司委托境外研发费用 576 万元,超过境内符合条件的研发费用 780 万元（1500－720）的 2/3 即 520 万元,可以加计扣除的委托境外研发费用只能按 520 万元计算。

可加计扣除的研发费用 =（780 + 520）× 75% = 975（万元）

第 188 集

商品批发行业适用税前加计扣除政策吗?

P 公司是一家商业企业,主要从事商品批发业务,2019 年"主营业务收入——商品批发销售收入"为 5000 万元,收入总额为 6000 万元,不征税收入和投资收益均为 0。

P 公司 2019 年开展研发活动,发生研发费用 30 万元。

提问:林老师,P 公司发生的研发费用,可以税前加计扣除吗?

第八章 加计扣除与加速折旧

林老师解答

P公司2019年"主营业务收入——商品批发销售收入"为5000万元，超过收入总额减除不征税收入和投资收益的余额6000万元的50%，不适用税前加计扣除政策，因此，该公司2019年发生的研发费用，不能税前加计扣除。

◇ 政策依据

财政部　国家税务总局　科技部
关于完善研究开发费用税前加计扣除政策的通知

2015年11月2日　财税〔2015〕119号

四、不适用税前加计扣除政策的行业

……

3. 批发和零售业。

国家税务总局关于企业研究开发费用税前
加计扣除政策有关问题的公告

2015年12月29日　国家税务总局公告2015年第97号

四、不适用加计扣除政策行业的判定

《通知》中不适用税前加计扣除政策行业的企业，是指以《通知》所列行业业务为主营业务，其研发费用发生当年的主营业务收入占企业按税法第六条规定计算的收入总额减除不征税收入和投资收益的余额50%（不含）以上的企业。

划重点 消痛点

财税〔2015〕119号文件第四条规定，不适用税前加计扣除政策的行业，除本案例的批发和零售业之外，还包括以下行业：

（1）烟草制造业。

（2）住宿和餐饮业。

（3）房地产业。

（4）租赁和商务服务业。

（5）娱乐业。

（6）财政部和国家税务总局规定的其他行业。

第三节　科技型中小企业

第 189 集
年销售收入超过 2 亿元，可以申请入库科技型中小企业吗？

Q 公司是在中国境内注册的居民企业，按照企业所得税年度纳税申报表的口径，2019 年主营业务收入为 2.4 亿元、其他业务收入为 0.1 亿元。

提问：林老师，Q 公司 2020 年可以申请入库科技型中小企业吗？

林老师解答

Q 公司 2019 年主营业务收入和其他业务收入合计为 2.5 亿元，超过 2 亿元，不符合科技型中小企业认定条件，2020 年不可以申请入库科技型中小企业。

◇ 政策依据

科技部　财政部　国家税务总局
关于印发《科技型中小企业评价办法》的通知

2017 年 5 月 3 日　国科发政〔2017〕115 号

第六条　科技型中小企业须同时满足以下条件：

……

（二）职工总数不超过 500 人、年销售收入不超过 2 亿元、资产总额不超过 2 亿元。

......

第九条 科技型中小企业评价指标的说明：

......

（四）企业销售收入为主营业务与其他业务收入之和。

科技部火炬中心关于印发
《科技型中小企业评价工作指引（试行）》的通知

2017 年 10 月 26 日　　国科火字〔2017〕144 号

三、评价条件和指标具体说明

......

（二）企业规模

......

2.年销售收入

《评价办法》所指的企业年销售收入采用上一会计年度财务数据，为主营业务与其他业务收入之和，按照企业所得税年度纳税申报表的口径。当年注册的企业，以其实际经营期作为一个会计年度来计算。

划重点　消痛点

本案例中，假定 Q 公司 2019 年职工总数为 600 人或资产总额为 3 亿元，则 Q 公司将因职工总数超过 500 人或者资产总额超过 2 亿元而不符合科技型中小企业认定条件，不可以申请入库科技型中小企业。

第四节　加速折旧

第 190 集

化妆品制造企业购置机器设备，可以采取加速折旧方法吗？

扫码看视频

甲公司是一家化妆品制造企业，2020 年 10 月购置一台新机器设备，单位价值 600 万元，当月投入使用。

甲公司 2020 年"主营业务收入——化妆品制造收入"8000 万元，收入总额为 9000 万元，该收入总额符合《中华人民共和国企业所得税法》第六条的规定。

提问：林老师，甲公司在申报缴纳企业所得税时，该台机器设备可以采取加速折旧方法吗？

林老师解答

甲公司该台机器设备投入使用当年即 2020 年的"主营业务收入——化妆品制造收入"8000 万元占企业收入总额 9000 万元的 50% 以上，属于制造业企业。

甲公司在申报缴纳企业所得税时，该台机器设备可以采取加速折旧方法。

◇ 政策依据

**财政部　税务总局关于扩大固定资产加速折旧
优惠政策适用范围的公告**

2019年4月23日　财政部　税务总局公告2019年第66号

一、自2019年1月1日起，适用《财政部　国家税务总局关于完善固定资产加速折旧企业所得税政策的通知》（财税〔2014〕75号）和《财政部　国家税务总局关于进一步完善固定资产加速折旧企业所得税政策的通知》（财税〔2015〕106号）规定固定资产加速折旧优惠的行业范围，扩大至全部制造业领域。

划重点　消痛点

财政部、税务总局公告2019年第66号第一条规定的制造业企业，可以选择以下方式享受固定资产加速折旧优惠：

（1）缩短折旧年限。缩短折旧年限的，最低折旧年限不得低于《中华人民共和国企业所得税法实施条例》第六十条规定折旧年限的60%。

（2）采取加速折旧方法。采取加速折旧方法的，可采取双倍余额递减法或者年数总和法。

第 191 集
集成电路生产企业生产设备，可以缩短折旧年限吗？

乙公司是一家集成电路生产企业，2020年符合《财政部　国家税务总局　发展改革委　工业和信息化部关于软件和集成电路产业企业所得税优惠政策有关问题的通知》（财税〔2016〕49号）第二条规定的集成电路生产企业认定条件。

第八章 加计扣除与加速折旧

乙公司 2020 年 11 月购置一台新生产设备，单位价值 600 万元，当月投入使用。

提问：林老师，乙公司在申报缴纳企业所得税时，可以缩短该台生产设备折旧年限吗？

林老师解答

乙公司可以缩短该台机器设备折旧年限，最短可为 3 年。

◇ 政策依据

财政部　国家税务总局关于进一步鼓励
软件产业和集成电路产业发展企业所得税政策的通知

2012 年 4 月 20 日　财税〔2012〕27 号

八、集成电路生产企业的生产设备，其折旧年限可以适当缩短，最短可为 3 年（含）。

划重点　消痛点

本案例中，假定乙公司购置该台生产设备单位价值为 400 万元，低于 500 万元，乙公司不仅可以选择缩短该台机器设备折旧年限，也可以选择一次性在 2020 年度企业所得税税前扣除。

第 192 集

企业外购软件，可以缩短摊销年限吗？

丙公司 2020 年 11 月购置一套软件，单位价值 50 万元，符合无形资产确认条件，当月投入使用。

提问：林老师，丙公司在申报缴纳企业所得税时，可以缩短该软件的摊销年限吗？

林老师解答

丙公司可以缩短该软件的摊销年限，最短可为 2 年。

◇ 政策依据

财政部　国家税务总局关于进一步鼓励软件产业和集成电路产业发展企业所得税政策的通知

2012 年 4 月 20 日　财税〔2012〕27 号

七、企业外购的软件，凡符合固定资产或无形资产确认条件的，可以按照固定资产或无形资产进行核算，其折旧或摊销年限可以适当缩短，最短可为 2 年（含）。

划重点　消痛点

本案例中，丙公司根据自身生产经营需要，也可选择不缩短该软件的摊销年限。

第五节　固定资产一次性扣除

第 193 集
新购入机器设备单价低于 500 万元，可以一次性税前扣除吗？

丁公司 2020 年 11 月以货币形式购进一台机器设备，单位价值 300 万元，当月取得了发票。该台机器设备符合固定资产确认条件，当月投入使用。

提问：林老师，丁公司新购入的该台机器设备，可以一次性计入 2020 年成本费用在企业所得税税前扣除吗？

林老师解答

丁公司 2020 年 11 月购进该台机器设备，其单位价值低于 500 万元，可以在投入使用月份的次月（2020 年 12 月）所属年度即 2020 年一次性税前扣除。

◇ 政策依据

财政部　税务总局关于设备　器具扣除有关企业所得税政策的通知

2018 年 5 月 7 日　财税〔2018〕54 号

一、企业在 2018 年 1 月 1 日至 2020 年 12 月 31 日期间新购进的设备、器具，单位价值不超过 500 万元的，允许一次性计入当期成本费用在计算应纳税所得额时扣除，不再分年度计算折旧；单位价值超过 500 万元的，仍按企业所得税法实施条例、《财政部 国家税务总局关于完善固定资产加速折旧企业所得税政策的通知》（财税〔2014〕75号）、《财政部 国家税务总局关于进一步完善固定资产加速折旧企业所得税政策的通知》（财税〔2015〕106号）等相关规定执行。

国家税务总局关于设备 器具扣除有关企业所得税政策执行问题的公告

2018年8月23日　国家税务总局公告2018年第46号

一、企业在2018年1月1日至2020年12月31日期间新购进的设备、器具，单位价值不超过500万元的，允许一次性计入当期成本费用在计算应纳税所得额时扣除，不再分年度计算折旧（以下简称一次性税前扣除政策）。

（一）所称设备、器具，是指除房屋、建筑物以外的固定资产（以下简称固定资产）；所称购进，包括以货币形式购进或自行建造，其中以货币形式购进的固定资产包括购进的使用过的固定资产；以货币形式购进的固定资产，以购买价款和支付的相关税费以及直接归属于使该资产达到预定用途发生的其他支出确定单位价值，自行建造的固定资产，以竣工结算前发生的支出确定单位价值。

（二）固定资产购进时点按以下原则确认：以货币形式购进的固定资产，除采取分期付款或赊销方式购进外，按发票开具时间确认；以分期付款或赊销方式购进的固定资产，按固定资产到货时间确认；自行建造的固定资产，按竣工结算时间确认。

二、固定资产在投入使用月份的次月所属年度一次性税前扣除。

划重点　消痛点

本案例中，假定2020年11月丁公司以货币形式购进一套房产，单位价值450万元，当月取得了发票。丁公司新购入的该套房产，可以一次性

第八章 加计扣除与加速折旧

计入2020年成本费用在企业所得税税前扣除吗？

不可以。国家税务总局公告2018年第46号第一条第（一）项规定，允许一次性计入当期成本费用在计算应纳税所得额时扣除的设备、器具，不包括房屋、建筑物。

第九章 项目所得减免

第一节 农、林、牧、渔业项目所得

第 194 集

水产品初加工所得，可以免征企业所得税吗？

A 公司是一家水产品初加工企业，主要从事符合《财政部 国家税务总局关于发布〈享受企业所得税优惠政策的农产品初加工范围（试行）〉的通知》（财税〔2008〕149 号）第三条第（一）项规定的"水生动物初加工"，不属于国家限制和禁止发展的项目。

A 公司对水生动物初加工所得单独进行会计核算，并合理分摊期间费用。

提问：林老师，A 公司 2020 年取得水生动物初加工所得，可以免征企业所得税吗？

林老师解答

可以。

◇ 政策依据

中华人民共和国企业所得税法

中华人民共和国主席令第二十三号修正

第二十七条 企业的下列所得，可以免征、减征企业所得税：

(一) 从事农、林、牧、渔业项目的所得；

……

中华人民共和国企业所得税法实施条例

中华人民共和国国务院令第 714 号修订

第八十六条 企业所得税法第二十七条第（一）项规定的企业从事农、林、牧、渔业项目的所得，可以免征、减征企业所得税，是指：

（一）企业从事下列项目的所得，免征企业所得税：

……

7. 灌溉、农产品初加工、兽医、农技推广、农机作业和维修等农、林、牧、渔服务业项目；

……

财政部 国家税务总局关于发布
《享受企业所得税优惠政策的农产品初加工范围（试行）》的通知

2008 年 11 月 20 日 财税〔2008〕149 号

三、渔业类

（一）水生动物初加工

将水产动物（鱼、虾、蟹、鳖、贝、棘皮类、软体类、腔肠类、两栖类、海兽类动物等）整体或去头、去鳞（皮、壳）、去内脏、去骨（刺）、捣溃或切块、切片，经冰鲜、冷冻、冷藏等保鲜防腐处理、包装等简单加工处理，制成的水产动物初制品。

划重点 消痛点

本案例中，假定 A 公司将水产品进行深加工，制作成水产品罐头出售，就不属于水生动物初加工，其取得的所得不能享受免征企业所得税优惠。

第 195 集

花卉种植所得，可以减半征收企业所得税吗？

B 公司从事花卉种植，不属于国家限制和禁止发展的项目。

B 公司对花卉种植所得单独进行会计核算，并合理分摊期间费用。

提问：林老师，B 公司 2020 年取得花卉种植所得，可以减半征收企业所得税吗？

林老师解答

可以。

◇ **政策依据**

中华人民共和国企业所得税法实施条例

中华人民共和国国务院令第 714 号修订

第八十六条 企业所得税法第二十七条第（一）项规定的企业从事农、林、牧、渔业项目的所得，可以免征、减征企业所得税，是指：

……

（二）企业从事下列项目的所得，减半征收企业所得税：

第九章 项目所得减免

1. 花卉、茶以及其他饮料作物和香料作物的种植；
……

划重点　消痛点

本案例中，假定 B 公司购买花卉直接进行销售，其贸易活动产生的所得，不能享受减半征收企业所得税的税收优惠政策。

第二节　公共基础设施项目所得

第 196 集

太阳能发电新建项目投资经营所得，可以享受减免企业所得税优惠吗？

C公司2019年1月经政府投资主管部门核准，进行太阳能发电新建项目建设，从事符合《公共基础设施项目企业所得税优惠目录（2008年版）》（财税〔2008〕116号）规定范围、条件和标准的公共基础设施项目的投资经营。

2020年9月C公司投资的太阳能发电新建项目建成并投入运营，当月取得了项目第一笔生产经营收入。

C公司对太阳能发电新建项目投资经营所得单独进行会计核算，并合理分摊期间费用。

提问：林老师，C公司取得太阳能发电新建项目投资经营所得，可以享受减免企业所得税优惠吗？

林老师解答

C公司取得太阳能发电新建项目投资经营所得，从项目取得第一笔生产经营收入所属纳税年度即2020年开始，第1年至第3年即2020年至2022年免征企业所得税，第4年至第6年即2023年至2025年减半征收企业所得税。

第九章 项目所得减免

◇政策依据

中华人民共和国企业所得税法

中华人民共和国主席令第二十三号修正

第二十七条 企业的下列所得，可以免征、减征企业所得税：

……

（二）从事国家重点扶持的公共基础设施项目投资经营的所得；

……

中华人民共和国企业所得税法实施条例

中华人民共和国国务院令第714号修订

第八十七条 企业所得税法第二十七条第（二）项所称国家重点扶持的公共基础设施项目，是指《公共基础设施项目企业所得税优惠目录》规定的港口码头、机场、铁路、公路、城市公共交通、电力、水利等项目。

企业从事前款规定的国家重点扶持的公共基础设施项目的投资经营的所得，自项目取得第一笔生产经营收入所属纳税年度起，第一年至第三年免征企业所得税，第四年至第六年减半征收企业所得税。

企业承包经营、承包建设和内部自建自用本条规定的项目，不得享受本条规定的企业所得税优惠。

国家税务总局关于实施国家重点扶持的
公共基础设施项目企业所得税优惠问题的通知

2009年4月16日 国税发〔2009〕80号

一、对居民企业（以下简称企业）经有关部门批准，从事符合《公共基础设施项目企业所得税优惠目录》（以下简称《目录》）规定范围、条件和标准的公共基础设施项目的投资经营所得，自该项目取得第一笔生产经营收入所属纳税年度起，第一年至第三年免征企业所得税，第四年至第六年减半征收企业所得税。

　　企业从事承包经营、承包建设和内部自建自用《目录》规定项目的所得，不得享受前款规定的企业所得税优惠。

　　二、本通知所称第一笔生产经营收入，是指公共基础设施项目建成并投入运营（包括试运营）后所取得的第一笔主营业务收入。

……

　　六、企业同时从事不在《目录》范围的生产经营项目取得的所得，应与享受优惠的公共基础设施项目经营所得分开核算，并合理分摊企业的期间共同费用；没有单独核算的，不得享受上述企业所得税优惠。

　　期间共同费用的合理分摊比例可以按照投资额、销售收入、资产额、人员工资等参数确定。上述比例一经确定，不得随意变更。……

划重点　消痛点

　　本案例中，假定2022年1月1日C公司将该太阳能发电新建项目转让给甲公司，则甲公司自受让之日起，取得的太阳能发电新建项目投资经营所得，在剩余期限内享受规定的减免税优惠，即2022年免征企业所得税，2023年至2025年减半征收企业所得税。

第三节 环境保护、节能节水项目所得

第 197 集

生活垃圾处理项目投资经营所得,可以享受减免企业所得税优惠吗?

扫码看视频

D 公司 2019 年 2 月经政府主管部门核准,进行生活垃圾处理项目建设,从事符合《环境保护、节能节水项目企业所得税优惠目录(试行)》(财税〔2009〕166 号)规定类别、项目和条件的环境保护、节能节水项目的投资经营。

2020 年 10 月 D 公司投资的生活垃圾处理项目建成并投入运营,当月取得了项目第一笔生产经营收入。

D 公司对生活垃圾处理项目投资经营所得单独进行会计核算,并合理分摊期间费用。

提问: 林老师,D 公司取得生活垃圾处理项目投资经营所得,可以享受减免企业所得税优惠吗?

林老师解答

D 公司取得生活垃圾处理项目投资经营所得,从项目取得第一笔生产经营收入所属纳税年度即 2020 年开始,第 1 年至第 3 年即 2020 年至 2022 年免征企业所得税,第 4 年至第 6 年即 2023 年至 2025 年减半征收企业所得税。

◇政策依据

中华人民共和国企业所得税法

中华人民共和国主席令第二十三号修正

第二十七条 企业的下列所得，可以免征、减征企业所得税：

……

（三）从事符合条件的环境保护、节能节水项目的所得；

……

中华人民共和国企业所得税法实施条例

中华人民共和国国务院令第714号修订

第八十八条 企业所得税法第二十七条第（三）项所称符合条件的环境保护、节能节水项目，包括公共污水处理、公共垃圾处理、沼气综合开发利用、节能减排技术改造、海水淡化等。项目的具体条件和范围由国务院财政、税务主管部门商国务院有关部门制订，报国务院批准后公布施行。

企业从事前款规定的符合条件的环境保护、节能节水项目的所得，自项目取得第一笔生产经营收入所属纳税年度起，第一年至第三年免征企业所得税，第四年至第六年减半征收企业所得税。

划重点 消痛点

本案例中，假设D公司进行垃圾填埋沼气发电项目建设，也可以按照有关规定享受企业所得税优惠。根据《财政部 国家税务总局 国家发展改革委关于垃圾填埋沼气发电列入〈环境保护、节能节水项目企业所得税优惠目录（试行）〉的通知》（财税〔2016〕131号）规定，自2016年1月1日起，将垃圾填埋沼气发电项目列入财税〔2009〕166号文件规定的"沼

第九章 项目所得减免

气综合开发利用"范围。企业从事垃圾填埋沼气发电项目取得的所得,符合《环境保护、节能节水项目企业所得税优惠目录(试行)》规定优惠政策条件的,可依照规定享受企业所得税优惠。

第四节　技术转让所得

第 198 集

计算机软件著作权转让所得，可以享受减免企业所得税优惠吗？

居民企业 E 公司 2020 年 10 月将其持有的计算机软件著作权转让给非关联方居民企业 F 公司，该项技术转让经省级科技部门认定登记。

E 公司对计算机软件著作权转让所得单独进行会计核算，并合理分摊期间费用。

E 公司 2020 年除发生计算机软件著作权转让所得之外，未发生其他技术转让所得。

提问：林老师，E 公司取得的计算机软件著作权转让所得，可以享受减免企业所得税优惠吗？

林老师解答

E 公司 2020 年取得的计算机软件著作权转让所得，不超过 500 万元的部分，免征企业所得税；超过 500 万元的部分，减半征收企业所得税。

◇政策依据

中华人民共和国企业所得税法

中华人民共和国主席令第二十三号修正

第二十七条　企业的下列所得，可以免征、减征企业所得税：

......

（四）符合条件的技术转让所得；

......

中华人民共和国企业所得税法实施条例

中华人民共和国国务院令第714号修订

第九十条 企业所得税法第二十七条第（四）项所称符合条件的技术转让所得免征、减征企业所得税，是指一个纳税年度内，居民企业技术转让所得不超过500万元的部分，免征企业所得税；超过500万元的部分，减半征收企业所得税。

财政部　国家税务总局关于居民企业技术转让有关企业所得税政策问题的通知

2010年12月31日　财税〔2010〕111号

一、技术转让的范围，包括居民企业转让专利技术、计算机软件著作权、集成电路布图设计权、植物新品种、生物医药新品种，以及财政部和国家税务总局确定的其他技术。

其中：专利技术，是指法律授予独占权的发明、实用新型和非简单改变产品图案的外观设计。

二、本通知所称技术转让，是指居民企业转让其拥有符合本通知第一条规定技术的所有权或5年以上（含5年）全球独占许可使用权的行为。

三、技术转让应签订技术转让合同。其中，境内的技术转让须经省级以上（含省级）科技部门认定登记，跨境的技术转让须经省级以上（含省级）商务部门认定登记，涉及财政经费支持产生技术的转让，需省级以上（含省级）科技部门审批。

> **国家税务总局关于技术转让所得减免企业所得税有关问题的通知**
>
> 2009年4月24日　国税函〔2009〕212号
>
> 一、根据企业所得税法第二十七条第（四）项规定，享受减免企业所得税优惠的技术转让应符合以下条件：
> （一）享受优惠的技术转让主体是企业所得税法规定的居民企业；
> （二）技术转让属于财政部、国家税务总局规定的范围；
> （三）境内技术转让经省级以上科技部门认定；
> （四）向境外转让技术经省级以上商务部门认定；
> （五）国务院税务主管部门规定的其他条件。
> ……
> 三、享受技术转让所得减免企业所得税优惠的企业，应单独计算技术转让所得，并合理分摊企业的期间费用；没有单独计算的，不得享受技术转让所得企业所得税优惠。

划重点　消痛点

本案例中，假设E公司持有F公司100%股权，则E公司从直接持有股权达到100%的关联方F公司取得的技术转让所得，不能享受技术转让减免企业所得税优惠政策。

第五节　节能服务公司合同能源管理项目所得

第 199 集　节能服务公司实施合同能源管理项目所得，可以享受减免企业所得税优惠吗？

I 公司是一家符合《财政部　国家税务总局关于促进节能服务产业发展增值税、营业税和企业所得税政策问题的通知》（财税〔2010〕110 号）第二条第（三）项规定条件的节能服务公司，主要经营范围为实施合同能源管理项目，2020 年 10 月取得项目第一笔生产经营收入。

I 公司对实施合同能源管理项目取得的所得单独进行会计核算，并合理分摊期间费用。

提问： 林老师，I 公司实施合同能源管理项目取得的所得，可以享受减免企业所得税优惠吗？

林老师解答

I 公司实施合同能源管理项目取得的所得，从项目取得第一笔生产经营收入所属纳税年度即 2020 年开始，第 1 年至第 3 年即 2020 年至 2022 年免征企业所得税，第 4 年至第 6 年即 2023 年至 2025 年减半征收企业所得税。

溪发说税之企业所得税篇

> ◇ 政策依据
>
> **财政部 国家税务总局关于促进节能服务产业发展增值税、营业税和企业所得税政策问题的通知**
>
> 2010年12月30日 财税〔2010〕110号
>
> 二、关于企业所得税政策问题
>
> （一）对符合条件的节能服务公司实施合同能源管理项目，符合企业所得税税法有关规定的，自项目取得第一笔生产经营收入所属纳税年度起，第一年至第三年免征企业所得税，第四年至第六年按照25%的法定税率减半征收企业所得税。
>
> ……
>
> （六）节能服务公司同时从事适用不同税收政策待遇项目的，其享受税收优惠项目应当单独计算收入、扣除，并合理分摊企业的期间费用；没有单独计算的，不得享受税收优惠政策。

划重点 消痛点

本案例中，假定2026年1月1日Ⅰ公司将该合同能源管理项目转让给乙公司，由于转让发生在优惠期届满之后，受让企业乙公司不得就该项目重复享受企业所得税优惠。

第六节 清洁发展机制项目所得

第 200 集

清洁发展机制项目所得，可以享受减免企业所得税优惠吗？

J公司实施的将温室气体减排量转让收入的65%上缴给国家的HFC和PFC类CDM项目，2020年10月取得第一笔减排量转让收入。

J公司对清洁发展机制项目所得单独进行会计核算，并合理分摊期间费用。

提问：林老师，J公司取得的清洁发展机制项目所得，可以享受减免企业所得税优惠吗？

林老师解答

J公司取得的清洁发展机制项目所得，从项目取得第一笔减排量转让收入所属纳税年度即2020年开始，第1年至第3年即2020年至2022年免征企业所得税，第4年至第6年即2023年至2025年减半征收企业所得税。

◇ 政策依据

财政部 国家税务总局关于中国清洁发展机制基金及清洁发展机制项目实施企业有关企业所得税政策问题的通知

2009年3月23日 财税〔2009〕30号

经国务院批准，现就中国清洁发展机制基金（以下简称清洁基金）和清洁发展机制项目（以下简称CDM项目）实施企业的有关企业所得税政策明确如下：

二、关于CDM项目实施企业的企业所得税政策

……

（二）对企业实施的将温室气体减排量转让收入的65%上缴给国家的HFC和PFC类CDM项目，以及将温室气体减排量转让收入的30%上缴给国家的N2O类CDM项目，其实施该类CDM项目的所得，自项目取得第一笔减排量转让收入所属纳税年度起，第一年至第三年免征企业所得税，第四年至第六年减半征收企业所得税。

企业实施CDM项目的所得，是指企业实施CDM项目取得的温室气体减排量转让收入扣除上缴国家的部分，再扣除企业实施CDM项目发生的相关成本、费用后的净所得。

企业应单独核算其享受优惠的CDM项目的所得，并合理分摊有关期间费用，没有单独核算的，不得享受上述企业所得税优惠政策。

划重点 消痛点

本案例中，J公司按照《清洁发展机制项目运行管理办法》（发展改革委 科技部 外交部 财政部令第37号）的规定，将温室气体减排量的转让收入，按照以下比例上缴给国家的部分，可以在计算应纳税所得额时扣除：氢氟碳化物（HFC）和全氟碳化物（PFC）类项目，为温室气体减排量转让收入的65%。

第十章 抵扣应纳税所得额

第一节 创投企业投资于未上市的中小高新技术企业

第 201 集　公司制创业投资企业投资于未上市的中小高新技术企业，可以抵扣应纳税所得额吗？

甲公司是一家依照《创业投资企业管理暂行办法》（国家发展和改革委员会等 10 部委令 2005 年第 39 号，以下简称《暂行办法》）和《外商投资创业投资企业管理规定》（商务部等 5 部委令 2003 年第 2 号）在我国境内设立的专门从事创业投资活动的企业，经营范围符合《暂行办法》规定，且工商登记为"创业投资有限责任公司"；按照《暂行办法》规定的条件和程序完成备案，经备案管理部门年度检查核实，投资运作符合《暂行办法》的有关规定。

2018 年 8 月，甲公司采取股权投资方式投资于未上市的乙公司。乙公司 2018 年 11 月按照《高新技术企业认定管理办法》（国科发火〔2016〕32 号修定印发）和《高新技术企业认定管理工作指引》（国科发火〔2016〕195 号修定印发）取得高新技术企业资格，有效期 3 年。乙公司 2018 年、2019 年、2020 年的销售额和资产总额均不超过 2 亿元、从业人数不超过 500 人。

提问：林老师，甲公司向乙公司投资，可以按照其投资额的 70% 抵扣应纳税所得额吗？

林老师解答

乙公司 2018 年 8 月接受甲公司创业投资之后，2018 年 11 月经认定取得高新技术企业资格，有效期 3 年，乙公司 2018 年、2019 年、2020 年的销售额和资产总额均不超过 2 亿元、从业人数不超过 500 人，符合未上市的中小高新技术企业标准，应自乙公司被认定为高新技术企业的年度起，计算甲公司的投资期限。

甲公司可以按照其对乙公司投资额的 70%，在股权持有满 2 年的当年即 2020 年抵扣其应纳税所得额；2020 年不足抵扣的，可以在以后纳税年度结转抵扣。

◇ 政策依据

中华人民共和国企业所得税法

中华人民共和国主席令第二十三号修正

第三十一条　创业投资企业从事国家需要重点扶持和鼓励的创业投资，可以按投资额的一定比例抵扣应纳税所得额。

中华人民共和国企业所得税法实施条例

中华人民共和国国务院令第 714 号修订

第九十七条　企业所得税法第三十一条所称抵扣应纳税所得额，是指创业投资企业采取股权投资方式投资于未上市的中小高新技术企业 2 年以上的，可以按照其投资额的 70% 在股权持有满 2 年的当年抵扣该创业投资企业的应纳税所得额；当年不足抵扣的，可以在以后纳税年度结转抵扣。

财政部　国家税务总局关于执行企业所得税优惠政策若干问题的通知

2009年4月24日　财税〔2009〕69号

十一、实施条例第九十七条所称投资于未上市的中小高新技术企业2年以上的，包括发生在2008年1月1日以前满2年的投资；所称中小高新技术企业是指按照《高新技术企业认定管理办法》（国科发火〔2008〕172号）[①]和《高新技术企业认定管理工作指引》（国科发火〔2008〕362号）[②]取得高新技术企业资格，且年销售额和资产总额均不超过2亿元、从业人数不超过500人的企业，其中2007年底前已取得高新技术企业资格的，在其规定有效期内不需重新认定。

国家税务总局关于实施创业投资企业所得税优惠问题的通知

2009年4月30日　国税发〔2009〕87号

一、创业投资企业是指依照《创业投资企业管理暂行办法》（国家发展和改革委员会等10部委令2005年第39号，以下简称《暂行办法》）和《外商投资创业投资企业管理规定》（商务部等5部委令2003年第2号）在中华人民共和国境内设立的专门从事创业投资活动的企业或其他经济组织。

二、创业投资企业采取股权投资方式投资于未上市的中小高新技术企业2年（24个月）以上，凡符合以下条件的，可以按照其对中小高新技术企业投资额的70%，在股权持有满2年的当年抵扣该创业投资企业的应纳税所得额；当年不足抵扣的，可以在以后纳税年度结转抵扣。

（一）经营范围符合《暂行办法》规定，且工商登记为"创业投资

[①] 该文件已被修订，参见《科技部　财政部　国家税务总局关于修订印发〈高新技术企业认定管理办法〉的通知》（国科发火〔2016〕32号）。

[②] 该文件已被修订，参见《科技部　财政部　国家税务总局关于修订印发〈高新技术企业认定管理工作指引〉的通知》（国科发火〔2016〕195号）。

有限责任公司"、"创业投资股份有限公司"等专业性法人创业投资企业。

（二）按照《暂行办法》规定的条件和程序完成备案，经备案管理部门年度检查核实，投资运作符合《暂行办法》的有关规定。

（三）创业投资企业投资的中小高新技术企业，除应按照科技部、财政部、国家税务总局《关于印发〈高新技术企业认定管理办法〉的通知》（国科发火〔2008〕172号）①和《关于印发〈高新技术企业认定管理工作指引〉的通知》（国科发火〔2008〕362号）②的规定，通过高新技术企业认定以外，还应符合职工人数不超过500人，年销售（营业）额不超过2亿元，资产总额不超过2亿元的条件。

2007年底前按原有规定取得高新技术企业资格的中小高新技术企业，且在2008年继续符合新的高新技术企业标准的，向其投资满24个月的计算，可自创业投资企业实际向其投资的时间起计算。

（四）财政部、国家税务总局规定的其他条件。

三、中小企业接受创业投资之后，经认定符合高新技术企业标准的，应自其被认定为高新技术企业的年度起，计算创业投资企业的投资期限。该期限内中小企业接受创业投资后，企业规模超过中小企业标准，但仍符合高新技术企业标准的，不影响创业投资企业享受有关税收优惠。

划重点 消痛点

本案例中，假定2018年11月甲公司向乙公司实缴投资500万元。甲公司2020年"纳税调整后所得"600万元，以前年度结转的尚可弥补的亏损150万元，则：

（1）甲公司直接投资于乙公司，可以抵扣的投资额 = $500 \times 70\% = 350$（万元）。

---

① 该文件已被修订，参见《科技部 财政部 国家税务总局关于修订印发〈高新技术企业认定管理办法〉的通知》（国科发火〔2016〕32号）。

② 该文件已被修订，参见《科技部 财政部 国家税务总局关于修订印发〈高新技术企业认定管理工作指引〉的通知》（国科发火〔2016〕195号）。

（2）甲公司可用于抵扣的应纳税所得额 = 600 – 150 = 450（万元）。

甲公司直接投资部分可以抵扣的投资额 350 万元小于可用于抵扣的应纳税所得额 450 万元，2020 年实际抵扣 350 万元。

第 202 集

有限合伙制创业投资企业投资于未上市的中小高新技术企业，法人合伙人可以抵扣应纳税所得额吗？

扫码看视频

A 公司是一家实行查账征收企业所得税的居民企业，于 2018 年 1 月实缴投资于 B 有限合伙企业，B 有限合伙企业是一家依照《中华人民共和国合伙企业法》《创业投资企业管理暂行办法》（国家发展和改革委员会令第 39 号）和《外商投资创业投资企业管理规定》（外经贸部 科技部 工商总局 税务总局 外汇管理局令 2003 年第 2 号）设立的专门从事创业投资活动的有限合伙企业。

B 有限合伙企业于 2018 年 3 月实缴投资于未上市的 C 公司，C 公司 2018 年 11 月按照《高新技术企业认定管理办法》（国科发火〔2016〕32 号修订印发）和《高新技术企业认定管理工作指引》（国科发火〔2016〕195 号修订印发）取得高新技术企业资格，有效期 3 年。C 公司 2018 年、2019 年、2020 年的销售额和资产总额均不超过 2 亿元、从业人数不超过 500 人。

提问：林老师，A 公司可以按照其对 C 公司投资额的 70% 抵扣 A 公司从 B 有限合伙企业分得的应纳税所得额吗？

林老师解答

C 公司 2018 年 3 月接受 B 有限合伙企业创业投资之后，2018 年 11 月经认定取得高新技术企业资格，有效期 3 年，

C 公司 2018 年、2019 年、2020 年的销售额和资产总额均不超过 2 亿元、从业人数不超过 500 人，符合未上市的中小高新技术企业标准，应自 C 公司被认定为高新技术企业的年度起，计算 B 有限合伙企业的投资期限。

A 公司于 2018 年 1 月实缴投资于 B 有限合伙企业，B 有限合伙企业于 2018 年 3 月实缴投资于 C 公司，A 公司可按照其对 C 公司投资额的 70%，在股权持有满 2 年的当年即 2020 年抵扣 A 公司从 B 有限合伙企业分得的应纳税所得额；当年不足抵扣的，可以在以后纳税年度结转抵扣。

◇ 政策依据

财政部　国家税务总局关于将国家自主创新示范区有关税收试点政策推广到全国范围实施的通知

2015 年 10 月 23 日　财税〔2015〕116 号

一、关于有限合伙制创业投资企业法人合伙人企业所得税政策

1. 自 2015 年 10 月 1 日起，全国范围内的有限合伙制创业投资企业采取股权投资方式投资于未上市的中小高新技术企业满 2 年（24 个月）的，该有限合伙制创业投资企业的法人合伙人可按照其对未上市中小高新技术企业投资额的 70% 抵扣该法人合伙人从该有限合伙制创业投资企业分得的应纳税所得额，当年不足抵扣的，可以在以后纳税年度结转抵扣。

国家税务总局关于有限合伙制创业投资企业法人合伙人企业所得税有关问题的公告

2015 年 11 月 16 日　国家税务总局公告 2015 年第 81 号

一、有限合伙制创业投资企业是指依照《中华人民共和国合伙企业法》、《创业投资企业管理暂行办法》（国家发展和改革委员会令第 39 号）和《外商投资创业投资企业管理规定》（外经贸部、科技部、工商总局、税务总局、外汇管理局令 2003 年第 2 号）设立的专门从事创业

第十章 抵扣应纳税所得额

投资活动的有限合伙企业。

二、有限合伙制创业投资企业的法人合伙人，是指依照《中华人民共和国企业所得税法》及其实施条例以及相关规定，实行查账征收企业所得税的居民企业。

三、有限合伙制创业投资企业采取股权投资方式投资于未上市的中小高新技术企业满2年（24个月，下同）的，其法人合伙人可按照对未上市中小高新技术企业投资额的70%抵扣该法人合伙人从该有限合伙制创业投资企业分得的应纳税所得额，当年不足抵扣的，可以在以后纳税年度结转抵扣。

所称满2年是指2015年10月1日起，有限合伙制创业投资企业投资于未上市中小高新技术企业的实缴投资满2年，同时，法人合伙人对该有限合伙制创业投资企业的实缴出资也应满2年。

划重点 消痛点

本案例中，假定A公司通过B有限合伙企业间接投资于未上市中小高新技术企业C公司，2018年1月A公司实缴投资于B有限合伙企业500万元，在B有限合伙企业中出资占比为30%；B有限合伙企业于2018年3月实缴投资于C公司1000万元。A公司2020年自B有限合伙企业分得的应纳税所得额为100万元，2020年"纳税调整后所得"300万元，以前年度结转的尚可弥补的亏损120万元，则：

（1）A公司间接投资于C公司，可以抵扣的投资额 = 1000 × 30% × 70% = 210（万元）。

（2）A公司自B有限合伙企业分得的应纳税所得额 = 100（万元）。

（3）A公司2020年"纳税调整后所得" - "弥补以前年度亏损" = 300 - 120 = 180（万元）。

根据孰小原则，A公司当年实际抵扣应纳税所得额100万元，可抵扣的投资额210万元超过实际抵扣额100万元的部分可以向以后年度结转抵扣。

第二节　创投企业投资于初创科技型企业

第 203 集

公司制创业投资企业投资于初创科技型企业，可以抵扣应纳税所得额吗？

D公司是一家符合《财政部 税务总局关于创业投资企业和天使投资个人有关税收政策的通知》（财税〔2018〕55号）第二条第（二）项规定的公司制创业投资企业，于2018年6月以货币资金向E公司实缴投资500万元，E公司当月完成工商变更登记。E公司是一家符合财税〔2018〕55号文件第二条第（一）项规定的初创科技型企业。

D公司2020年企业所得税应纳税所得额为1000万元。

提问：林老师，D公司2020年可以按照其对E公司投资额的70%抵扣应纳税所得额吗？

林老师解答

D公司2018年6月向E公司实缴投资，其投资额的70%即350万元（500×70%）低于2020年应纳税所得额1000万元，可以在股权持有满2年的当年即2020年按照350万元抵扣应纳税所得额。

◇政策依据

财政部 税务总局关于创业投资企业和天使投资个人有关税收政策的通知

2018年5月14日 财税〔2018〕55号

一、税收政策内容

（一）公司制创业投资企业采取股权投资方式直接投资于种子期、初创期科技型企业（以下简称初创科技型企业）满2年（24个月，下同）的，可以按照投资额的70%在股权持有满2年的当年抵扣该公司制创业投资企业的应纳税所得额；当年不足抵扣的，可以在以后纳税年度结转抵扣。

……

二、相关政策条件

……

（四）享受本通知规定的税收政策的投资，仅限于通过向被投资初创科技型企业直接支付现金方式取得的股权投资，不包括受让其他股东的存量股权。

国家税务总局关于创业投资企业和天使投资个人税收政策有关问题的公告

2018年7月30日 国家税务总局公告2018年第43号

一、相关政策执行口径

（一）《通知》第一条所称满2年是指公司制创业投资企业（以下简称"公司制创投企业"）、有限合伙制创业投资企业（以下简称"合伙创投企业"）和天使投资个人投资于种子期、初创期科技型企业（以下简称"初创科技型企业"）的实缴投资满2年，投资时间从初创科技型企业接受投资并完成工商变更登记的日期算起。

> 划重点 消痛点

本案例中，假定 2018 年 8 月 D 公司受让 E 公司其他股东的存量股权，支付股权转让款 300 万元，该 300 万元投资款可以按 70% 抵扣应纳税所得额吗？

不可以。享受财税〔2018〕55 号文件规定的公司制创业投资企业采取股权投资方式直接投资于种子期、初创期科技型企业税收政策的投资，不包括受让其他股东的存量股权。

第 204 集
有限合伙制创业投资企业投资于初创科技型企业，法人合伙人可以抵扣应纳税所得额吗？

F 公司是一家实行查账征收企业所得税的居民企业，于 2018 年 2 月以货币资金 200 万元实缴投资于 G 有限合伙企业，占 G 有限合伙企业全部实缴出资额的 50%。

G 有限合伙企业是一家符合《财政部 税务总局关于创业投资企业和天使投资个人有关税收政策的通知》（财税〔2018〕55 号）第二条第（二）项规定的有限合伙制创业投资企业，于 2018 年 8 月以货币资金向 H 公司实缴投资 400 万元，H 公司当月完成工商变更登记。H 公司是一家符合财税〔2018〕55 号文件第二条第（一）项规定的初创科技型企业。

F 公司 2020 年从 G 有限合伙企业分得的所得为 150 万元，其他的应纳税所得额为 200 万元。

提问： 林老师，F 公司 2020 年可以按照其对 H 公司投资额的 70% 抵扣 F 公司从 G 有限合伙企业分得的应纳税所得额吗？

第十章 抵扣应纳税所得额

林老师解答

F公司于2018年2月向G有限合伙企业实缴投资，G有限合伙企业于2018年8月向H公司实缴投资，F公司对H公司投资额的70%即140万元（400×50%×70%）低于F公司2020年从G有限合伙企业分得的所得150万元，可以在股权持有满2年的当年即2020年按照140万元抵扣F公司从G有限合伙企业分得的所得。

◇ 政策依据

财政部 税务总局关于创业投资企业和天使投资个人有关税收政策的通知

2018年5月14日　财税〔2018〕55号

一、税收政策内容

……

（二）有限合伙制创业投资企业（以下简称合伙创投企业）采取股权投资方式直接投资于初创科技型企业满2年的，该合伙创投企业的合伙人分别按以下方式处理：

1. 法人合伙人可以按照对初创科技型企业投资额的70%抵扣法人合伙人从合伙创投企业分得的所得；当年不足抵扣的，可以在以后纳税年度结转抵扣。

国家税务总局关于创业投资企业和天使投资个人税收政策有关问题的公告

2018年7月30日　国家税务总局公告2018年第43号

一、相关政策执行口径

（一）《通知》第一条所称满2年是指公司制创业投资企业（以下

简称"公司制创投企业")、有限合伙制创业投资企业(以下简称"合伙创投企业")和天使投资个人投资于种子期、初创期科技型企业(以下简称"初创科技型企业")的实缴投资满2年,投资时间从初创科技型企业接受投资并完成工商变更登记的日期算起。

划重点 消痛点

本案例中,假设F公司2020年从G有限合伙企业分得的所得为100万元,其他的应纳税所得额为200万元,其余条件不变,则F公司对H公司投资额的70%即140万元大于F公司2020年从G有限合伙企业分得的所得100万元,F公司可以在股权持有满2年的当年即2020年按照100万元抵扣F公司从G有限合伙企业分得的所得,尚余40万元(140-100)结转以后年度继续抵扣。

第十一章 减免、抵免所得税

第一节 小型微利企业

第 205 集

小型微利企业可以享受减免企业所得税优惠吗?

A公司是一家小型工厂,从事国家非限制和禁止行业,2020年度应纳税所得额150万元、从业人数200人、资产总额3500万元。

提问: 林老师,A公司2020年可以享受减免企业所得税优惠吗?

林老师解答

A公司从事国家非限制和禁止行业,2020年度应纳税所得额不超过300万元、从业人数不超过300人、资产总额不超过5000万元,属于小型微利企业,可以享受减免企业所得税优惠。

◇ 政策依据

财政部 税务总局
关于实施小微企业普惠性税收减免政策的通知
2019年1月17日 财税〔2019〕13号

二、对小型微利企业年应纳税所得额不超过100万元的部分,减按

25%计入应纳税所得额,按20%的税率缴纳企业所得税;对年应纳税所得额超过100万元但不超过300万元的部分,减按50%计入应纳税所得额,按20%的税率缴纳企业所得税。

上述小型微利企业是指从事国家非限制和禁止行业,且同时符合年度应纳税所得额不超过300万元、从业人数不超过300人、资产总额不超过5000万元等三个条件的企业。

……

六、本通知执行期限为2019年1月1日至2021年12月31日。《财政部 税务总局关于延续小微企业增值税政策的通知》(财税〔2017〕76号)、《财政部 税务总局关于进一步扩大小型微利企业所得税优惠政策范围的通知》(财税〔2018〕77号)同时废止。

国家税务总局关于实施小型微利企业普惠性所得税减免政策有关问题的公告

2019年1月18日　国家税务总局公告2019年第2号

一、自2019年1月1日至2021年12月31日,对小型微利企业年应纳税所得额不超过100万元的部分,减按25%计入应纳税所得额,按20%的税率缴纳企业所得税;对年应纳税所得额超过100万元但不超过300万元的部分,减按50%计入应纳税所得额,按20%的税率缴纳企业所得税。

小型微利企业无论按查账征收方式或核定征收方式缴纳企业所得税,均可享受上述优惠政策。

第十一章 减免、抵免所得税

知识链接

什么是小型微利企业？

国家税务总局公告2019年第2号所称小型微利企业是指从事国家非限制和禁止行业，且同时符合年度应纳税所得额不超过300万元、从业人数不超过300人、资产总额不超过5000万元等三个条件的企业。

第二节　高新技术企业

第 206 集

高新技术企业可以享受减免企业所得税优惠吗？

B 公司是一家医药制造企业，2020 年 12 月按照《高新技术企业认定管理办法》（国科发火〔2016〕32 号修订印发）和《高新技术企业认定管理工作指引》（国科发火〔2016〕195 号修订印发）获得高新技术企业资格并取得高新技术企业证书，有效期为 3 年，高新技术企业证书注明的发证时间所在年度为 2020 年。

提问：林老师，B 公司 2020 年可以享受减免企业所得税优惠吗？

林老师解答

可以。B 公司自高新技术企业证书注明的发证时间所在年度即 2020 年起减按 15% 的税率征收企业所得税。

◇ 政策依据

中华人民共和国企业所得税法

中华人民共和国主席令第二十三号修正

第二十八条 ……

国家需要重点扶持的高新技术企业，减按 15% 的税率征收企业所得税。

第十一章　减免、抵免所得税

国家税务总局关于实施高新技术企业所得税优惠政策有关问题的公告

2017年6月19日　国家税务总局公告2017年第24号

一、企业获得高新技术企业资格后，自高新技术企业证书注明的发证时间所在年度起申报享受税收优惠，……

划重点　消痛点

本案例中，假定B公司于2020年高新技术企业资格期满，在通过重新认定前，其企业所得税暂按15%的税率预缴，在年底前仍未取得高新技术企业资格的，应按规定补缴相应期间的税款。

知识链接

认定为高新技术企业须满足哪些条件？

根据国科发火〔2016〕32号文件第十一条的规定，认定为高新技术企业须同时满足以下条件：

（1）企业申请认定时须注册成立1年以上；

（2）企业通过自主研发、受让、受赠、并购等方式，获得对其主要产品（服务）在技术上发挥核心支持作用的知识产权的所有权；

（3）对企业主要产品（服务）发挥核心支持作用的技术属于《国家重点支持的高新技术领域》规定的范围；

（4）企业从事研发和相关技术创新活动的科技人员占企业当年职工总数的比例不低于10%；

（5）企业近3个会计年度（实际经营期不满3年的按实际经营时间计算，下同）的研究开发费用总额占同期销售收入总额的比例符合如下要求：

①最近一年销售收入小于5000万元（含）的企业，比例不低于5%；

②最近一年销售收入在5000万元至2亿元（含）的企业，比例不低于4%；

③最近一年销售收入在2亿元以上的企业，比例不低于3%。

其中，企业在中国境内发生的研究开发费用总额占全部研究开发费用总额的比例不低于60%；

（6）近一年高新技术产品（服务）收入占企业同期总收入的比例不低于60%；

（7）企业创新能力评价应达到相应要求；

（8）企业申请认定前1年内未发生重大安全、重大质量事故或严重环境违法行为。

第三节 技术先进型服务企业

第 207 集

技术先进型服务企业可以享受减免企业所得税优惠吗？

扫码看视频

C公司是一家软件研发及外包企业，2020年12月按照《财政部 税务总局 商务部 科技部 国家发展改革委关于将技术先进型服务企业所得税政策推广至全国实施的通知》（财税〔2017〕79号）认定为技术先进型服务企业并取得技术先进型服务企业证书，有效期为3年。

提问：林老师，C公司2020年可以享受减免企业所得税优惠吗？

林老师解答

C公司2020年12月被认定为技术先进型服务企业，2020年减按15%的税率征收企业所得税。

◇ 政策依据

财政部 税务总局 商务部 科技部 国家发展改革委关于将技术先进型服务企业所得税政策推广至全国实施的通知

2017年11月2日 财税〔2017〕79号

一、自2017年1月1日起，在全国范围内实行以下企业所得税优惠政策：

> 1. 对经认定的技术先进型服务企业，减按15%的税率征收企业所得税。

划重点　消痛点

享受技术先进型服务企业所得税优惠政策的，有以下两类企业：

1. 服务外包类

根据财税〔2017〕79号文件第二条的规定，享受企业所得税优惠政策的技术先进型服务企业（服务外包类）必须同时符合以下条件：

（1）在中国境内（不包括港、澳、台地区）注册的法人企业；

（2）从事《技术先进型服务业务认定范围（试行）》中的一种或多种技术先进型服务业务，采用先进技术或具备较强的研发能力；

（3）具有大专以上学历的员工占企业职工总数的50%以上；

（4）从事《技术先进型服务业务认定范围（试行）》中的技术先进型服务业务取得的收入占企业当年总收入的50%以上；

（5）从事离岸服务外包业务取得的收入不低于企业当年总收入的35%。

从事离岸服务外包业务取得的收入，是指企业根据境外单位与其签订的委托合同，由本企业或其直接转包的企业为境外单位提供《技术先进型服务业务认定范围（试行）》中所规定的信息技术外包服务（ITO）、技术性业务流程外包服务（BPO）和技术性知识流程外包服务（KPO），而从上述境外单位取得的收入。

2. 服务贸易类

根据《财政部　税务总局　商务部　科技部　国家发展改革委关于将服务贸易创新发展试点地区技术先进型服务企业所得税政策推广至全国实施的通知》（财税〔2018〕44号）附件《技术先进型服务业务领域范围（服务贸易类）》的规定，享受企业所得税优惠政策的技术先进型服务业务领域范围如表1所示。

第十一章　减免、抵免所得税

表1　享受企业所得税优惠政策的技术先进型服务业务领域范围

类　别	适用范围
一、计算机和信息服务	
1. 信息系统集成服务	系统集成咨询服务；系统集成工程服务；提供硬件设备现场组装、软件安装与调试及相关运营维护支撑服务；系统运营维护服务，包括系统运行检测监控、故障定位与排除、性能管理、优化升级等
2. 数据服务	数据存储管理服务，提供数据规划、评估、审计、咨询、清洗、整理、应用服务，数据增值服务，提供其他未分类数据处理服务
二、研究开发和技术服务	
3. 研究和实验开发服务	物理学、化学、生物学、基因学、工程学、医学、农业科学、环境科学、人类地理科学、经济学和人文科学等领域的研究和实验开发服务
4. 工业设计服务	对产品的材料、结构、机理、形状、颜色和表面处理的设计与选择；对产品进行的综合设计服务，即产品外观的设计、机械结构和电路设计等服务
5. 知识产权跨境许可与转让	以专利、版权、商标等为载体的技术贸易。知识产权跨境许可是指授权境外机构有偿使用专利、版权和商标等；知识产权跨境转让是指将专利、版权和商标等知识产权售卖给境外机构
三、文化技术服务	
6. 文化产品数字制作及相关服务	采用数字技术对舞台剧目、音乐、美术、文物、非物质文化遗产、文献资源等文化内容以及各种出版物进行数字化转化和开发，为各种显示终端提供内容，以及采用数字技术传播、经营文化产品等相关服务
7. 文化产品的对外翻译、配音及制作服务	将本国文化产品翻译或配音成其他国家语言，将其他国家文化产品翻译或配音成本国语言以及与其相关的制作服务
四、中医药医疗服务	
8. 中医药医疗保健及相关服务	与中医药相关的远程医疗保健、教育培训、文化交流等服务

第四节　从事污染防治的第三方企业

第208集

从事污染防治的第三方企业可以享受减免企业所得税优惠吗？

扫码看视频

D公司是一家从事污染防治的第三方企业，2020年符合《财政部　税务总局　国家发展改革委　生态环境部关于从事污染防治的第三方企业所得税政策问题的公告》（财政部　税务总局　国家发展改革委　生态环境部公告2019年第60号）第二条规定的条件。

提问：林老师，D公司2020年可以享受减免企业所得税优惠吗？

林老师解答

D公司2020年为符合条件的从事污染防治的第三方企业，减按15%的税率征收企业所得税。

◇ 政策依据

财政部　税务总局　国家发展改革委　生态环境部
关于从事污染防治的第三方企业所得税政策问题的公告

2019年4月13日　财政部　税务总局　国家发展改革委
生态环境部公告2019年第60号

一、对符合条件的从事污染防治的第三方企业（以下称第三方防治企业）减按15%的税率征收企业所得税。

第十一章 减免、抵免所得税

本公告所称第三方防治企业是指受排污企业或政府委托，负责环境污染治理设施（包括自动连续监测设施，下同）运营维护的企业。

......

四、本公告执行期限自2019年1月1日起至2021年12月31日止。

知识链接

享受企业所得税优惠的从事污染防治的第三方企业需要具备哪些条件？

根据财政部、税务总局、国家发展改革委、生态环境部公告2019年第60号第二条规定，享受企业所得税优惠的从事污染防治的第三方企业应当同时符合以下条件：

（1）在中国境内（不包括港、澳、台地区）依法注册的居民企业；

（2）具有1年以上连续从事环境污染治理设施运营实践，且能够保证设施正常运行；

（3）具有至少5名从事本领域工作且具有环保相关专业中级及以上技术职称的技术人员，或者至少2名从事本领域工作且具有环保相关专业高级及以上技术职称的技术人员；

（4）从事环境保护设施运营服务的年度营业收入占总收入的比例不低于60%；

（5）具备检验能力，拥有自有实验室，仪器配置可满足运行服务范围内常规污染物指标的检测需求；

（6）保证其运营的环境保护设施正常运行，使污染物排放指标能够连续稳定达到国家或者地方规定的排放标准要求；

（7）具有良好的纳税信用，近3年内纳税信用等级未被评定为C级或D级。

第五节 软件企业

第 209 集

软件企业可以享受减免企业所得税优惠吗？

E公司是一家软件产品开发销售企业，2018年企业所得税应纳税所得额大于零，2019年至2022年符合《财政部 国家税务总局关于进一步鼓励软件产业和集成电路产业发展企业所得税政策的通知》（财税〔2012〕27号）和《财政部 国家税务总局 发展改革委 工业和信息化部关于软件和集成电路产业企业所得税优惠政策有关问题的通知》（财税〔2016〕49号）规定的软件企业的条件。

提问：林老师，E公司可以享受减免企业所得税优惠吗？

林老师解答

E公司2018年为获利年度，2019年为首次符合软件企业条件的年度，因此应自获利年度即2018年起计算优惠期，第2年即2019年免征企业所得税，第3年至第5年即2020年至2022年按照25%的法定税率减半征收企业所得税。

第十一章 减免、抵免所得税

◇ 政策依据

财政部 税务总局关于集成电路设计和软件产业企业所得税政策的公告

2019年5月17日 财政部 税务总局公告2019年第68号

一、依法成立且符合条件的集成电路设计企业和软件企业，在2018年12月31日前自获利年度起计算优惠期，第一年至第二年免征企业所得税，第三年至第五年按照25%的法定税率减半征收企业所得税，并享受至期满为止。

二、本公告第一条所称"符合条件"，是指符合《财政部 国家税务总局关于进一步鼓励软件产业和集成电路产业发展企业所得税政策的通知》（财税〔2012〕27号）和《财政部 国家税务总局 发展改革委 工业和信息化部关于软件和集成电路产业企业所得税优惠政策有关问题的通知》（财税〔2016〕49号）规定的条件。

财政部 国家税务总局 发展改革委 工业和信息化部关于软件和集成电路产业企业所得税优惠政策有关问题的通知

2016年5月4日 财税〔2016〕49号

九、软件、集成电路企业应从企业的获利年度起计算定期减免税优惠期。如获利年度不符合优惠条件的，应自首次符合软件、集成电路企业条件的年度起，在其优惠期的剩余年限内享受相应的减免税优惠。

知识链接

享受企业所得税优惠的软件企业需要具备哪些条件？

根据财税〔2016〕49号文件第四条的规定，享受企业所得税优惠的软件企业是指以软件产品开发销售（营业）为主营业务并同时符合下列条件的企业：

（1）在中国境内（不包括港、澳、台地区）依法注册的居民企业。

（2）汇算清缴年度具有劳动合同关系且具有大学专科以上学历的职工人数占企业月平均职工总人数的比例不低于40%，其中研究开发人员占企业月平均职工总数的比例不低于20%。

（3）拥有核心关键技术，并以此为基础开展经营活动，且汇算清缴年度研究开发费用总额占企业销售（营业）收入总额的比例不低于6%；其中，企业在中国境内发生的研究开发费用金额占研究开发费用总额的比例不低于60%。

（4）汇算清缴年度软件产品开发销售（营业）收入占企业收入总额的比例不低于50%［嵌入式软件产品和信息系统集成产品开发销售（营业）收入占企业收入总额的比例不低于40%］，其中：软件产品自主开发销售（营业）收入占企业收入总额的比例不低于40%［嵌入式软件产品和信息系统集成产品开发销售（营业）收入占企业收入总额的比例不低于30%］。

（5）主营业务拥有自主知识产权。

（6）具有与软件开发相适应软硬件设施等开发环境（如合法的开发工具等）。

（7）汇算清缴年度未发生重大安全、重大质量事故或严重环境违法行为。

第六节 集成电路企业

第210集
集成电路设计企业可以享受减免企业所得税优惠吗？

扫码看视频

F公司是一家集成电路设计企业，2019年企业所得税应纳税所得额大于零，2019年至2023年符合《财政部 国家税务总局关于进一步鼓励软件产业和集成电路产业发展企业所得税政策的通知》（财税〔2012〕27号）和《财政部 国家税务总局 发展改革委 工业和信息化部关于软件和集成电路产业企业所得税优惠政策有关问题的通知》（财税〔2016〕49号）规定的集成电路设计企业的条件。

提问：林老师，F公司可以享受减免企业所得税优惠吗？

林老师解答

F公司2019年为获利年度，2019年为首次符合集成电路设计企业条件的年度，因此，应自获利年度即2019年起计算优惠期，第1年至第2年即2019年至2020年免征企业所得税，第3年至第5年即2021年至2023年按照25%的法定税率减半征收企业所得税。

◇ 政策依据

财政部　税务总局关于集成电路设计企业和软件企业
2019年度企业所得税汇算清缴适用政策的公告

2020年5月29日　财政部　税务总局公告2020年第29号

一、依法成立且符合条件的集成电路设计企业和软件企业，在2019年12月31日前自获利年度起计算优惠期，第一年至第二年免征企业所得税，第三年至第五年按照25%的法定税率减半征收企业所得税，并享受至期满为止。

二、本公告第一条所称"符合条件"是指符合《财政部　国家税务总局关于进一步鼓励软件产业和集成电路产业发展企业所得税政策的通知》（财税〔2012〕27号）和《财政部　国家税务总局　发展改革委　工业和信息化部关于软件和集成电路产业企业所得税优惠政策有关问题的通知》（财税〔2016〕49号）规定的条件。

财政部　国家税务总局　发展改革委　工业和信息化部
关于软件和集成电路产业企业所得税优惠政策有关问题的通知

2016年5月4日　财税〔2016〕49号

九、软件、集成电路企业应从企业的获利年度起计算定期减免税优惠期。如获利年度不符合优惠条件的，应自首次符合软件、集成电路企业条件的年度起，在其优惠期的剩余年限内享受相应的减免税优惠。

知识链接

享受企业所得税优惠的集成电路设计企业需要具备哪些条件？

根据财税〔2016〕49号文件第三条的规定，享受企业所得税优惠的集成电路设计企业是指以集成电路设计为主营业务并同时符合下列条件的企业：

（1）在中国境内（不包括港、澳、台地区）依法注册的居民企业。

（2）汇算清缴年度具有劳动合同关系且具有大学专科以上学历的职工人数占企业月平均职工总人数的比例不低40%，其中研究开发人员占企业月平均职工总数的比例不低于20%。

（3）拥有核心关键技术，并以此为基础开展经营活动，且汇算清缴年度研究开发费用总额占企业销售（营业）收入总额的比例不低于6%；其中，企业在中国境内发生的研究开发费用金额占研究开发费用总额的比例不低于60%。

（4）汇算清缴年度集成电路设计销售（营业）收入占企业收入总额的比例不低于60%，其中集成电路自主设计销售（营业）收入占企业收入总额的比例不低于50%。

（5）主营业务拥有自主知识产权。

（6）具有与集成电路设计相适应的软硬件设施等开发环境（如EDA工具、服务器或工作站等）。

（7）汇算清缴年度未发生重大安全、重大质量事故或严重环境违法行为。

第 211 集
集成电路生产企业可以享受减免企业所得税优惠吗？

G公司是一家集成电路生产企业，2018年1月投资新设集成电路线宽小于65纳米、经营期为20年的集成电路生产项目。

G公司于2019年3月取得该项目第一笔生产经营收入，2019年至2028年符合《财政部 国家税务总局 发展改革委 工业和信息化部关于软件和集成电路产业企业所得税优惠政策有关问题的通知》（财税〔2016〕49号）和《财政部 税务总局 国家发展改革委 工业和信息化部关于集成电路生产企业有关企业所得税政策问题的通知》（财税〔2018〕27号）规定的集成电路生产企业的条件。

G公司对该项目单独进行会计核算、计算所得，并合理分摊期间费用。

提问：林老师，G公司可以享受减免企业所得税优惠吗？

林老师解答

可以。G公司应自该项目取得第一笔生产经营收入所属纳税年度即2019年起计算优惠期，第1年至第5年即2019年至2023年免征企业所得税，第6年至第10年即2024年至2028年按照25%的法定税率减半征收企业所得税。

第十一章 减免、抵免所得税

◇ 政策依据

**财政部　税务总局
国家发展改革委　工业和信息化部
关于集成电路生产企业有关企业所得税政策问题的通知**

2018年3月28日　财税〔2018〕27号

二、2018年1月1日后投资新设的集成电路线宽小于65纳米或投资额超过150亿元，且经营期在15年以上的集成电路生产企业或项目，第一年至第五年免征企业所得税，第六年至第十年按照25%的法定税率减半征收企业所得税，并享受至期满为止。

三、对于按照集成电路生产企业享受本通知第一条、第二条税收优惠政策的，优惠期自企业获利年度起计算；对于按照集成电路生产项目享受上述优惠的，优惠期自项目取得第一笔生产经营收入所属纳税年度起计算。

四、享受本通知第一条、第二条税收优惠政策的集成电路生产项目，其主体企业应符合集成电路生产企业条件，且能够对该项目单独进行会计核算、计算所得，并合理分摊期间费用。

知识链接

享受企业所得税优惠的集成电路生产企业需要具备哪些条件？

根据财税〔2016〕49号文件第二条的规定，享受企业所得税优惠的集成电路生产企业，是指以单片集成电路、多芯片集成电路、混合集成电路制造为主营业务并同时符合下列条件的企业：

（1）在中国境内（不包括港、澳、台地区）依法注册并在发展改革、工业和信息化部门备案的居民企业。

（2）汇算清缴年度具有劳动合同关系且具有大学专科以上学历职工人数占企业月平均职工总人数的比例不低于40%，其中研究开发人员占企业月平均职工总数的比例不低于20%。

（3）拥有核心关键技术，并以此为基础开展经营活动，且汇算清缴年度研究开发费用总额占企业销售（营业）收入（主营业务收入与其他业务收入之和，下同）总额的比例不低于5%；其中，企业在中国境内发生的研究开发费用金额占研究开发费用总额的比例不低于60%。

（4）汇算清缴年度集成电路制造销售（营业）收入占企业收入总额的比例不低于60%。

（5）具有保证产品生产的手段和能力，并获得有关资质认证（包括ISO质量体系认证）。

（6）汇算清缴年度未发生重大安全、重大质量事故或严重环境违法行为。

第七节　动漫企业

第 212 集
动漫创作、制作企业可以享受减免企业所得税优惠吗？

H公司是一家动漫创作、制作企业，2019年7月按照《动漫企业认定管理办法（试行）》（文市发〔2008〕51号）认定为动漫企业并取得动漫企业证书，2019年企业所得税应纳税所得额大于零。

提问：林老师，H公司2019年可以享受减免企业所得税优惠吗？

林老师解答

H公司2019年为获利年度，当年被认定为动漫企业，因此应自获利年度即2019年起计算优惠期，第一年即2019年免征企业所得税。

◇ 政策依据

财政部　国家税务总局关于扶持动漫产业发展有关税收政策问题的通知

2009年7月17日　财税〔2009〕65号

二、关于企业所得税

经认定的动漫企业自主开发、生产动漫产品，可申请享受国家现行鼓励软件产业发展的所得税优惠政策。

知识链接

申请认定为动漫企业需要具备哪些条件？

根据文市发〔2008〕51号文件第十条的规定，申请认定为动漫企业的应同时符合以下标准：

（1）在我国境内依法设立的企业；

（2）动漫企业经营动漫产品的主营收入占企业当年总收入的60%以上；

（3）自主开发生产的动漫产品收入占主营收入的50%以上；

（4）具有大学专科以上学历的或通过国家动漫人才专业认证的、从事动漫产品开发或技术服务的专业人员占企业当年职工总数的30%以上，其中研发人员占企业当年职工总数的10%以上；

（5）具有从事动漫产品开发或相应服务等业务所需的技术装备和工作场所；

（6）动漫产品的研究开发经费占企业当年营业收入8%以上；

（7）动漫产品内容积极健康，无法律法规禁止的内容；

（8）企业产权明晰，管理规范，守法经营。

第八节　经营性文化事业单位转制为企业

第 213 集
影剧院整体转制为企业，可以享受减免企业所得税优惠吗？

扫码看视频

I 影剧院是一家经营性文化事业单位，2019 年 8 月整体转制为企业并完成企业法人登记，符合《财政部　税务总局　中央宣传部关于继续实施文化体制改革中经营性文化事业单位转制为企业若干税收政策的通知》（财税〔2019〕16 号）第二条规定的条件。

提问： 林老师，I 影剧院可以享受减免企业所得税优惠吗？

林老师解答

I 影剧院自转制注册之日起 5 年内即 2019 年至 2023 年免征企业所得税。

◇ **政策依据**

财政部　税务总局　中央宣传部关于继续实施文化体制改革中经营性文化事业单位转制为企业若干税收政策的通知

2019 年 2 月 16 日　财税〔2019〕16 号

一、经营性文化事业单位转制为企业，可以享受以下税收优惠政策：

（一）经营性文化事业单位转制为企业，自转制注册之日起五年内免征企业所得税。2018 年 12 月 31 日之前已完成转制的企业，自 2019 年 1 月 1 日起可继续免征五年企业所得税。

……

上述所称"经营性文化事业单位",是指从事新闻出版、广播影视和文化艺术的事业单位。转制包括整体转制和剥离转制。其中,整体转制包括:(图书、音像、电子)出版社、非时政类报刊出版单位、新华书店、艺术院团、电影制片厂、电影(发行放映)公司、影院、重点新闻网站等整体转制为企业;剥离转制包括:新闻媒体中的广告、印刷、发行、传输网络等部分,以及影视剧等节目制作与销售机构,从事业体制中剥离出来转制为企业。

上述所称"转制注册之日",是指经营性文化事业单位转制为企业并进行企业法人登记之日。对于经营性文化事业单位转制前已进行企业法人登记,则按注销事业单位法人登记之日,或核销事业编制的批复之日(转制前未进行事业单位法人登记的)确定转制完成并享受本通知所规定的税收优惠政策。

……

六、本通知规定的税收政策执行期限为2019年1月1日至2023年12月31日。企业在2023年12月31日享受本通知第一条第(一)、(二)项税收政策不满五年的,可继续享受至五年期满为止。

知识链接

享受税收优惠政策的转制文化企业应具备哪些条件?

根据财税〔2019〕16号文件第二条的规定,享受税收优惠政策的转制文化企业应同时符合以下条件:

(1)根据相关部门的批复进行转制。

(2)转制文化企业已进行企业法人登记。

(3)整体转制前已进行事业单位法人登记的,转制后已核销事业编制、注销事业单位法人;整体转制前未进行事业单位法人登记的,转制后已核销事业编制。

（4）已同在职职工全部签订劳动合同，按企业办法参加社会保险。

（5）转制文化企业引入非公有资本和境外资本的，须符合国家法律法规和政策规定；变更资本结构依法应经批准的，需经行业主管部门和国有文化资产监管部门批准。

第九节　扶持创业就业

第 214 集
企业招用自主就业退役士兵，可以享受减免企业所得税优惠吗？

J 公司 2020 年 11 月招用依照《退役士兵安置条例》（国务院　中央军委令第 608 号）的规定退出现役并按自主就业方式安置的退役士兵，当月与其签订 1 年以上期限劳动合同并依法缴纳社会保险费。

提问：林老师，J 公司招用自主就业退役士兵，可以享受减免企业所得税优惠吗？

林老师解答

J 公司招用自主就业退役士兵，自签订劳动合同并缴纳社会保险当月即 2020 年 11 月起，在 3 年内按实际招用人数予以定额依次扣减增值税、城市维护建设税、教育费附加、地方教育附加和企业所得税优惠。

◇ 政策依据

财政部　税务总局　退役军人部关于进一步扶持自主就业退役士兵创业就业有关税收政策的通知

2019 年 2 月 2 日　财税〔2019〕21 号

二、企业招用自主就业退役士兵，与其签订 1 年以上期限劳动合

第十一章 减免、抵免所得税

同并依法缴纳社会保险费的，自签订劳动合同并缴纳社会保险当月起，在3年内按实际招用人数予以定额依次扣减增值税、城市维护建设税、教育费附加、地方教育附加和企业所得税优惠。定额标准为每人每年6000元，最高可上浮50%，各省、自治区、直辖市人民政府可根据本地区实际情况在此幅度内确定具体定额标准。

企业按招用人数和签订的劳动合同时间核算企业减免税总额，在核算减免税总额内每月依次扣减增值税、城市维护建设税、教育费附加和地方教育附加。企业实际应缴纳的增值税、城市维护建设税、教育费附加和地方教育附加小于核算减免税总额的，以实际应缴纳的增值税、城市维护建设税、教育费附加和地方教育附加为限；实际应缴纳的增值税、城市维护建设税、教育费附加和地方教育附加大于核算减免税总额的，以核算减免税总额为限。

纳税年度终了，如果企业实际减免的增值税、城市维护建设税、教育费附加和地方教育附加小于核算减免税总额，企业在企业所得税汇算清缴时以差额部分扣减企业所得税。当年扣减不完的，不再结转以后年度扣减。

自主就业退役士兵在企业工作不满1年的，应当按月换算减免税限额。计算公式为：企业核算减免税总额=Σ每名自主就业退役士兵本年度在本单位工作月份÷12×具体定额标准。

城市维护建设税、教育费附加、地方教育附加的计税依据是享受本项税收优惠政策前的增值税应纳税额。

三、本通知所称自主就业退役士兵是指依照《退役士兵安置条例》（国务院 中央军委令第608号）的规定退出现役并按自主就业方式安置的退役士兵。

本通知所称企业是指属于增值税纳税人或企业所得税纳税人的企业等单位。

……

六、本通知规定的税收政策执行期限为2019年1月1日至2021年12月31日。纳税人在2021年12月31日享受本通知规定税收优惠政策未满 3 年的，可继续享受至 3 年期满为止。《财政部　税务总局　民政部关于继续实施扶持自主就业退役士兵创业就业有关税收政策的通知》（财税〔2017〕46 号）自 2019 年 1 月 1 日起停止执行。

划重点　消痛点

本案例中，假定 J 公司招用自主就业退役士兵既可以适用财税〔2019〕21 号文件规定的税收优惠政策，又可以适用其他扶持就业专项税收优惠政策的，J 公司可以选择适用最优惠的政策，但不得重复享受。

知识链接

支持和促进重点群体创业就业的企业所得税优惠政策还有哪些？

根据《财政部　税务总局　人力资源社会保障部　国务院扶贫办关于进一步支持和促进重点群体创业就业有关税收政策的通知》（财税〔2019〕22 号）第二条和第五条的规定，企业招用建档立卡贫困人口，以及在人力资源社会保障部门公共就业服务机构登记失业半年以上且持《就业创业证》或《就业失业登记证》（注明"企业吸纳税收政策"）的人员，与其签订 1 年以上期限劳动合同并依法缴纳社会保险费的，自签订劳动合同并缴纳社会保险当月起，在 3 年内按实际招用人数予以定额依次扣减增值税、城市维护建设税、教育费附加、地方教育附加和企业所得税优惠。定额标准为每人每年 6000 元，最高可上浮 30%，各省、自治区、直辖市人民政府可根据本地区实际情况在此幅度内确定具体定额标准。城市维护建设税、教育费附加、地方教育附加的计税依据是享受本项税收优惠政策前的增值税应纳税额。

第十一章 减免、抵免所得税

按上述标准计算的税收扣减额应在企业当年实际应缴纳的增值税、城市维护建设税、教育费附加、地方教育附加和企业所得税税额中扣减,当年扣减不完的,不得结转下年使用。

财税〔2019〕22号文件规定的税收政策执行期限为2019年1月1日至2021年12月31日。纳税人在2021年12月31日享受该通知规定税收优惠政策未满3年的,可继续享受至3年期满为止。

第十节　抵免所得税

第 215 集
购置海上导航和无线电通信设备，可以抵免企业所得税吗？

K公司2020年10月以自筹资金购置海上导航和无线电通信设备，该设备属于《安全生产专用设备企业所得税优惠目录（2018年版）》范围内的安全生产专用设备，当月投入使用。

K公司购置该设备取得的增值税专用发票上注明的价税合计为113万元，不含增值税价格为100万元，进项税额13万元当月已申报抵扣。

K公司2020年企业所得税应纳税额为90万元。

提问：林老师，K公司购置该设备，可以抵免企业所得税吗？

林老师解答

K公司2020年购置该设备的投资额的10%为10万元（100×10%），低于2020年企业所得税应纳税额90万元，因此，该设备投资额的10%即10万元可全额从当年企业所得税应纳税额中抵免。

◇ 政策依据

中华人民共和国企业所得税法

中华人民共和国主席令第二十三号修正

第三十四条　企业购置用于环境保护、节能节水、安全生产等专用设备的投资额，可以按一定比例实行税额抵免。

中华人民共和国企业所得税法实施条例

中华人民共和国国务院令第714号修订

第一百条 企业所得税法第三十四条所称税额抵免，是指企业购置并实际使用《环境保护专用设备企业所得税优惠目录》、《节能节水专用设备企业所得税优惠目录》和《安全生产专用设备企业所得税优惠目录》规定的环境保护、节能节水、安全生产等专用设备的，该专用设备的投资额的10%可以从企业当年的应纳税额中抵免；当年不足抵免的，可以在以后5个纳税年度结转抵免。

享受前款规定的企业所得税优惠的企业，应当实际购置并自身实际投入使用前款规定的专用设备；企业购置上述专用设备在5年内转让、出租的，应当停止享受企业所得税优惠，并补缴已经抵免的企业所得税税款。

财政部 国家税务总局关于执行环境保护专用设备企业所得税优惠目录、节能节水专用设备企业所得税优惠目录和安全生产专用设备企业所得税优惠目录有关问题的通知

2008年9月23日 财税〔2008〕48号

一、企业自2008年1月1日起购置并实际使用列入《目录》范围内的环境保护、节能节水和安全生产专用设备，可以按专用设备投资额的10%抵免当年企业所得税应纳税额；企业当年应纳税额不足抵免的，可以向以后年度结转，但结转期不得超过5个纳税年度。

……

四、企业利用自筹资金和银行贷款购置专用设备的投资额，可以按企业所得税法的规定抵免企业应纳所得税额；企业利用财政拨款购置专用设备的投资额，不得抵免企业应纳所得税额。

国家税务总局关于环境保护、节能节水、安全生产等专用设备投资抵免企业所得税有关问题的通知

2010年6月2日 国税函〔2010〕256号

根据《财政部 国家税务总局关于全国实施增值税转型改革若干问题的通知》（财税〔2008〕170号）规定，自2009年1月1日起，增值税一般纳税人购进固定资产发生的进项税额可从其销项税额中抵扣，因此，自2009年1月1日起，纳税人购进并实际使用《环境保护专用设备企业所得税优惠目录》、《节能节水专用设备企业所得税优惠目录》和《安全生产专用设备企业所得税优惠目录》范围内的专用设备并取得增值税专用发票的，在按照《财政部 国家税务总局关于执行环境保护专用设备企业所得税优惠目录、节能节水专用设备企业所得税优惠目录和安全生产专用设备企业所得税优惠目录有关问题的通知》（财税〔2008〕48号）第二条规定进行税额抵免时，如增值税进项税额允许抵扣，其专用设备投资额不再包括增值税进项税额；如增值税进项税额不允许抵扣，其专用设备投资额应为增值税专用发票上注明的价税合计金额。

划重点 消痛点

本案例中，假定K公司2020年企业所得税应纳税额为2万元，低于该公司2020年购置专用设备的投资额的10%即10万元，则2020年只能从企业所得税应纳税所得额中抵免2万元，未抵免的8万元（10-2）可向以后年度结转抵免，但结转期不得超过5个纳税年度。

第四篇　特殊项目篇

第十二章　特殊事项调整项目

第一节　企业重组

第216集　资产收购采用特殊性税务处理，转让企业取得受让企业股权的计税基础如何计算？

A公司（受让企业）于2020年11月购买B公司（转让企业）的机器设备，该资产收购符合《财政部　国家税务总局关于企业重组业务企业所得税处理若干问题的通知》（财税〔2009〕59号）第五条规定条件。

该机器设备为B公司的实质经营性资产，计税基础为930万元，占B公司全部资产的60%。

A公司在该项资产收购业务的交易支付总额为900万元，其中股权支付金额为810万元，现金支付金额为90万元。

提问：林老师，转让企业B公司在计算申报企业所得税时，取得受让企业A公司股权的计税基础如何计算？

林老师解答

受让企业A公司收购的机器设备占转让企业B公司全部资产的60%，超过50%；受让企业A公司在该资产收购发生时的股权支付金额810万元，占其交易支付总额900万元的90%，超过85%；且该资产收购满足财税〔2009〕59号文件第五条规定的其他条件，可适用特殊性税务处理方法。

因此，转让企业 B 公司取得受让企业 A 公司股权的计税基础，以被转让机器设备的原有计税基础 930 万元确定。

◇ 政策依据

财政部　国家税务总局关于企业重组业务企业所得税处理若干问题的通知

2009 年 4 月 30 日　财税〔2009〕59 号

六、企业重组符合本通知第五条规定条件的，交易各方对其交易中的股权支付部分，可以按以下规定进行特殊性税务处理：

……

（三）资产收购，受让企业收购的资产不低于转让企业全部资产的 75%，且受让企业在该资产收购发生时的股权支付金额不低于其交易支付总额的 85%，可以选择按以下规定处理：

1. 转让企业取得受让企业股权的计税基础，以被转让资产的原有计税基础确定。

2. 受让企业取得转让企业资产的计税基础，以被转让资产的原有计税基础确定。

财政部　国家税务总局关于促进企业重组有关企业所得税处理问题的通知

2014 年 12 月 25 日　财税〔2014〕109 号

二、关于资产收购

将财税〔2009〕59 号文件第六条第（三）项中有关"资产收购，受让企业收购的资产不低于转让企业全部资产的 75%"规定调整为"资产收购，受让企业收购的资产不低于转让企业全部资产的 50%"。

第十二章 特殊事项调整项目

划重点　消痛点

本案例中,假定该被收购机器设备占B公司全部资产的40%,低于50%,则适用一般性税务处理:

(1)被收购方应确认资产转让所得或损失;

(2)收购方取得资产的计税基础应以公允价值为基础确定;

(3)被收购企业的相关所得税事项原则上保持不变。

第二节　递延纳税事项

第217集

企业以设备对外投资所得，可以选择递延纳税吗？

甲公司为查账征收的居民企业，2020年10月以机器设备作价300万元投资于A公司，当月办妥股权登记手续，该设备计税基础为200万元。

甲公司该项业务不符合《财政部　国家税务总局关于企业重组业务企业所得税处理若干问题的通知》（财税〔2009〕59号）、《财政部　国家税务总局关于促进企业重组有关企业所得税处理问题的通知》（财税〔2014〕109号）等文件规定的特殊性税务处理条件。

提问：林老师，甲公司以设备对外投资确认的设备转让所得，在申报缴纳企业所得税时，可以选择递延纳税吗？

林老师解答

可以。

◇ 政策依据

财政部　国家税务总局关于非货币性资产投资企业所得税政策问题的通知

2014年12月31日　财税〔2014〕116号

一、居民企业（以下简称企业）以非货币性资产对外投资确认的非

货币性资产转让所得，可在不超过5年期限内，分期均匀计入相应年度的应纳税所得额，按规定计算缴纳企业所得税。

二、企业以非货币性资产对外投资，应对非货币性资产进行评估并按评估后的公允价值扣除计税基础后的余额，计算确认非货币性资产转让所得。

企业以非货币性资产对外投资，应于投资协议生效并办理股权登记手续时，确认非货币性资产转让收入的实现。

……

五、本通知所称非货币性资产，是指现金、银行存款、应收账款、应收票据以及准备持有至到期的债券投资等货币性资产以外的资产。

本通知所称非货币性资产投资，限于以非货币性资产出资设立新的居民企业，或将非货币性资产注入现存的居民企业。

国家税务总局关于非货币性资产投资企业所得税有关征管问题的公告

2015年5月8日　国家税务总局公告2015年第33号

一、实行查账征收的居民企业（以下简称企业）以非货币性资产对外投资确认的非货币性资产转让所得，可自确认非货币性资产转让收入年度起不超过连续5个纳税年度的期间内，分期均匀计入相应年度的应纳税所得额，按规定计算缴纳企业所得税。

划重点　消痛点

本案例中，若不考虑甲公司以设备对外投资涉及的其他相关税费，则该公司应确认的设备转让所得 = 设备作价300万元 - 设备计税基础200万元 = 100万元，转让所得可以选择自2020年至2024年分5年均匀计入相应年度的应纳税所得额，每年确认所得20万元。甲公司以设备对外投资而取得 A 公司的股权,应以该设备的原计税成本 200 万元为计税基础,加上每年确认的设备转让所得 20 万元,自 2020 年至 2024 年逐年进行调整。

假定甲公司在 2022 年 1 月转让上述股权,则该公司应停止执行递延纳税政策,并就递延期内尚未确认的设备转让所得 60 万元,在转让股权当年即 2022 年的企业所得税年度汇算清缴时,一次性计算缴纳企业所得税;在计算股权转让所得时,该股权的计税基础按 300 万元一次调整到位。

第三节 政策性搬迁

第218集 政策性搬迁期间新购置的机器设备支出，可以从搬迁收入中扣除吗？

因政府组织实施的交通基础设施建设的需要，C公司2020年11月发生政策性搬迁，符合《国家税务总局关于发布〈企业政策性搬迁所得税管理办法〉的公告》（国家税务总局公告2012年第40号）第三条政策性搬迁的规定。

C公司于2020年12月政策性搬迁期间新购置一台机器设备，单位价值50万元，当月投入使用。

提问：林老师，C公司在计算申报企业所得税时，发生的购置机器设备支出50万元，可以从搬迁收入中扣除吗？

林老师解答

C公司搬迁期间新购置的机器设备，其支出不得从搬迁收入中扣除，该机器设备应按《中华人民共和国企业所得税法》及其实施条例等有关规定，计算确定资产的计税成本及折旧年限。

◇ 政策依据

**国家税务总局关于发布
《企业政策性搬迁所得税管理办法》的公告**

2012年8月10日　国家税务总局公告2012年第40号

第十四条　企业搬迁期间新购置的各类资产，应按《企业所得税法》及其实施条例等有关规定，计算确定资产的计税成本及折旧或摊销年限。企业发生的购置资产支出，不得从搬迁收入中扣除。

划重点　消痛点

本案例中，假设C公司政策性搬迁被征用的旧机器设备，采取资产置换的，其换入新机器设备的计税成本按被征用旧机器设备的净值，加上换入资产所支付的税费（涉及补价，还应加上补价款）计算确定。

知识链接

什么是企业政策性搬迁？

根据国家税务总局公告2012年第40号第三条规定，企业政策性搬迁，是指由于社会公共利益的需要，在政府主导下企业进行整体搬迁或部分搬迁。企业由于下列需要之一，提供相关文件证明资料的，属于政策性搬迁：

（1）国防和外交的需要；

（2）由政府组织实施的能源、交通、水利等基础设施的需要；

（3）由政府组织实施的科技、教育、文化、卫生、体育、环境和资源保护、防灾减灾、文物保护、社会福利、市政公用等公共事业的需要；

（4）由政府组织实施的保障性安居工程建设的需要；

（5）由政府依照《中华人民共和国城乡规划法》有关规定组织实施的对危房集中、基础设施落后等地段进行旧城区改建的需要；

（6）法律、行政法规规定的其他公共利益的需要。

第四节　特殊行业准备金

第 219 集
银行抵押贷款资产余额，可计入准予税前提取贷款损失准备金的贷款资产余额吗？

甲商业银行贷款业务主要为对外发放抵押贷款。

提问：林老师，甲商业银行2019年末抵押贷款资产余额，在申报缴纳企业所得税时，可以计入2019年末税前提取贷款损失准备金的贷款资产余额吗？

林老师解答

可以。

◇ 政策依据

财政部　税务总局关于金融企业贷款损失准备金企业所得税税前扣除有关政策的公告

2019年8月23日　财政部　税务总局公告2019年第86号

一、准予税前提取贷款损失准备金的贷款资产范围包括：

（一）贷款（含抵押、质押、保证、信用等贷款）；

（二）银行卡透支、贴现、信用垫款（含银行承兑汇票垫款、信用证垫款、担保垫款等）、进出口押汇、同业拆出、应收融资租赁款等具有贷款特征的风险资产；

（三）由金融企业转贷并承担对外还款责任的国外贷款，包括国际

第十二章 特殊事项调整项目

金融组织贷款、外国买方信贷、外国政府贷款、日本国际协力银行不附条件贷款和外国政府混合贷款等资产。

......

五、金融企业涉农贷款和中小企业贷款损失准备金的税前扣除政策，凡按照《财政部 税务总局关于金融企业涉农贷款和中小企业贷款损失准备金税前扣除有关政策的公告》（财政部 税务总局公告2019年第85号）的规定执行的，不再适用本公告第一条至第四条的规定。

六、本公告自2019年1月1日起执行至2023年12月31日。

划重点　消痛点

本案例中，假定甲商业银行2019年发生符合条件的贷款损失2000万元，则应先冲减已在税前扣除的贷款损失准备金，不足冲减部分可据实在计算2019年应纳税所得额时扣除。

第 220 集
证券投资者保护基金可以在税前扣除吗？

乙证券公司依据《证券投资者保护基金管理办法》（证监会令第27号、第124号）的有关规定，按其营业收入的0.5%缴纳了2019年度证券投资者保护基金。

提问：林老师，乙证券公司缴纳的证券投资者保护基金，可以在企业所得税税前扣除吗？

扫码看视频

> **林老师解答**

可以。

◇ 政策依据

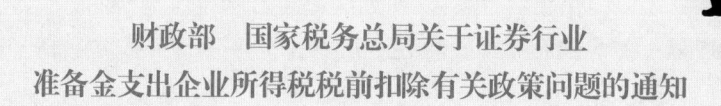

**财政部 国家税务总局关于证券行业
准备金支出企业所得税税前扣除有关政策问题的通知**

2017年3月21日 财税〔2017〕23号

一、证券类准备金

……

（三）证券投资者保护基金。

……

2.证券公司依据《证券投资者保护基金管理办法》（证监会令第27号、第124号）的有关规定，按其营业收入0.5%~5%缴纳的证券投资者保护基金，准予在企业所得税税前扣除。

……

四、本通知自2016年1月1日起至2020年12月31日止执行。《财政部 国家税务总局关于证券行业准备金支出企业所得税税前扣除有关政策问题的通知》（财税〔2012〕11号）同时废止。

> **划重点 消痛点**

本案例中，假定乙证券公司按其营业收入的6%缴纳2019年度证券投资者保护基金，则超过5%的税前扣除上限，超过部分在2019年应作纳税调整增加处理。

第十二章 特殊事项调整项目

第 221 集 中小企业信用担保机构计提的担保赔偿准备，可以在税前扣除吗？

丙公司是一家符合《财政部 国家税务总局关于中小企业融资（信用）担保机构有关准备金企业所得税税前扣除政策的通知》（财税〔2017〕22 号）第四条规定条件的中小企业信用担保机构，2019 年末按照当年年末担保责任余额 1% 的比例计提担保赔偿准备。

提问：林老师，丙公司 2019 年末计提的担保赔偿准备，可以在 2019 年企业所得税税前扣除吗？

林老师解答

丙公司 2019 年末按照当年年末担保责任余额 1% 的比例计提的担保赔偿准备，允许在 2019 年企业所得税税前扣除，同时将 2018 年度计提的担保赔偿准备余额转为 2019 年收入。

◇ 政策依据

财政部 国家税务总局关于中小企业融资（信用）担保机构有关准备金企业所得税税前扣除政策的通知

2017 年 3 月 21 日 财税〔2017〕22 号

一、符合条件的中小企业融资（信用）担保机构按照不超过当年年末担保责任余额 1% 的比例计提的担保赔偿准备，允许在企业所得税税前扣除，同时将上年度计提的担保赔偿准备余额转为当期收入。

......

六、本通知自 2016 年 1 月 1 日起至 2020 年 12 月 31 日止执行。《财政部　国家税务总局关于中小企业信用担保机构有关准备金企业所得税税前扣除政策的通知》（财税〔2012〕25 号）同时废止。

> **划重点　消痛点**

本案例中，假定丙公司 2019 年末按照当年年末担保责任余额 1.5% 的比例计提担保赔偿准备，则超过 1% 的税前扣除标准，超过部分在 2019 年应作纳税调整增加处理。

第五节　房地产开发企业特定业务计算的纳税调整额

第 222 集
房地产开发企业销售未完工开发产品，预计毛利额如何计算？

D公司是一家房地产开发企业，所开发的甲房地产项目于2019年2月取得预售许可证，当年收到该房地产项目预售房款4.2亿元（不含增值税），截至2019年末该项目尚未完工，当地规定的销售未完工开发产品的计税毛利率为20%。

提问：林老师，D公司在计算申报企业所得税时，该房地产项目计入2019年应纳税所得额的预计毛利额如何计算？

林老师解答

D公司该房地产项目2019年预计毛利额计算如下：
2019年预计毛利额 = 预售房款 × 计税毛利率
= 4.2 × 20%
= 0.84（亿元）

◇ 政策依据

国家税务总局关于印发
《房地产开发经营业务企业所得税处理办法》的通知

2009年3月6日　国税发〔2009〕31号

第九条　企业销售未完工开发产品取得的收入，应先按预计计税毛利率分季（或月）计算出预计毛利额，计入当期应纳税所得额。开发产品完工后，企业应及时结算其计税成本并计算此前销售收入的实际毛利额，同时将其实际毛利额与其对应的预计毛利额之间的差额，计入当年度企业本项目与其他项目合并计算的应纳税所得额。

划重点　消痛点

本案例中，假设 D 公司该房地产项目 2019 年实际发生的税金及附加、土地增值税为 0.14 亿元，会计核算时未计入 2019 年度损益，则 D 公司 2019 年度销售未完工开发产品特定业务计算的纳税调整额 = 销售未完工产品预计毛利额 − 实际发生的税金及附加、土地增值税 =0.84−0.14=0.70（亿元），即按 0.70 亿元在 2019 年度作纳税调整增加处理。

第 223 集
房地产开发企业开发产品完工后，实际毛利额与其对应的预计毛利额之间的差额如何处理？

接前述第 222 集案例。D 公司所开发的甲房地产项目于 2020 年 11 月办妥竣工备案手续。

提问：林老师，D 公司在计算申报 2020 年度企业所得税时，实际毛利额与其对应的预计毛利额之间的差额如何处理？

林老师解答

D 公司所开发的甲房地产项目于 2020 年 11 月办妥竣工备案手续，该房地产项目 2020 年已完工，应及时结算 2019

年该房地产项目预售部分的计税成本并计算此前销售收入的实际毛利额，同时将其实际毛利额与其对应的预计毛利额 0.84 亿元（4.2×20%）之间的差额，计入 2020 年该项目与其他项目合并计算的应纳税所得额。

◇ 政策依据

国家税务总局关于印发
《房地产开发经营业务企业所得税处理办法》的通知

2009 年 3 月 6 日　国税发〔2009〕31 号

第三条　企业房地产开发经营业务包括土地的开发，建造、销售住宅、商业用房以及其他建筑物、附着物、配套设施等开发产品。除土地开发之外，其他开发产品符合下列条件之一的，应视为已经完工：

（一）开发产品竣工证明材料已报房地产管理部门备案。

（二）开发产品已开始投入使用。

（三）开发产品已取得了初始产权证明。

……

第九条　企业销售未完工开发产品取得的收入，应先按预计计税毛利率分季（或月）计算出预计毛利额，计入当期应纳税所得额。开发产品完工后，企业应及时结算其计税成本并计算此前销售收入的实际毛利额，同时将其实际毛利额与其对应的预计毛利额之间的差额，计入当年度企业本项目与其他项目合并计算的应纳税所得额。

划重点　消痛点

本案例中，假设 D 公司该房地产项目前面第 222 集所述的 2019 年实际发生的税金及附加、土地增值税为 0.14 亿元，会计核算时计入 2020 年度损益，则 2020 年 D 公司销售未完工产品转完工产品特定业务计算的纳税调整额 = 转回的销售未完工产品预计毛利额 − 转回实际发生的税金及附加、土地增值税 = 0.84 − 0.14 = 0.70（亿元），即按 0.70 亿元在 2020 年作纳税调整减少处理。

第六节　合伙企业的法人合伙人应分得的应纳税所得额

第224集

合伙企业的法人合伙人，如何确定企业所得税应纳税所得额？

E公司是一家实行查账征收企业所得税的居民企业，于2019年2月以货币资金实缴投资于F有限合伙企业，合伙协议约定E公司的分配比例为70%。

提问：林老师，该合伙企业2020年度取得经营所得，E公司应如何确定企业所得税应纳税所得额？

林老师解答

E公司按照合伙协议约定的分配比例确定应纳税所得额。

◇政策依据

财政部　国家税务总局
关于合伙企业合伙人所得税问题的通知

2008年12月31日　财税〔2018〕159号

四、合伙企业的合伙人按照下列原则确定应纳税所得额：

（一）合伙企业的合伙人以合伙企业的生产经营所得和其他所得，按照合伙协议约定的分配比例确定应纳税所得额。

第十二章 特殊事项调整项目

> **划重点　消痛点**

本案例中，假设 E 公司执行《小企业会计准则》，对长期股权投资采用成本法核算；F 有限合伙企业 2020 年取得经营所得 100 万元，2020 年 3 月向全体合伙人分配 2019 年度红利 50 万元，则其法人合伙人 E 公司 2020 年应分得的应纳税所得额 70 万元（100×70%），应于 2020 年度企业所得税汇算清缴时作纳税调整增加处理；2020 年 E 公司取得分红 35 万元（50×70%），应于 2020 年度企业所得税汇算清缴时作纳税调整减少处理，因此，E 公司纳税调整增加 2020 年度企业所得税应纳税所得额 35 万元（70－35）。

上述计算依据为：

（1）F 有限合伙企业 2020 年取得生产经营所得，无论 F 有限合伙企业对该生产经营所得是否做出分配决定，E 公司作为 F 有限合伙企业的合伙人，均应对该生产经营所得按约定的分配比例计入 2020 年度应纳税所得额计算缴纳企业所得税。由于 E 公司会计处理时，未将应分得的生产经营所得 70 万元记入 2020 年"投资收益"，因此 2020 年应对此作纳税调整增加处理。

（2）E 公司于 2019 年度已对 F 有限合伙企业的生产经营所得，按约定的分配比例缴纳企业所得税，所以 E 公司取得 F 有限合伙企业分配的 2019 年度红利，无须再缴纳企业所得税。由于 E 公司会计处理时，将取得的红利 35 万元记入 2020 年"投资收益"，因此 2020 年应对此作纳税调整减少处理。

第七节　发行永续债利息支出

第225集　发行永续债按照债券利息适用企业所得税政策，永续债利息支出可以税前扣除吗？

G公司2020年12月发行永续债，符合《财政部　税务总局关于永续债企业所得税政策问题的公告》（财政部　税务总局公告2019年第64号）第三条规定的条件。

发行人G公司对该永续债产品的利息支出，按照债券利息选择适用企业所得税政策。

提问：林老师，G公司该永续债利息支出，可以在企业所得税税前扣除吗？

林老师解答

可以。

◇政策依据

财政部　税务总局
关于永续债企业所得税政策问题的公告

2019年4月16日　财政部　税务总局公告2019年第64号

二、企业发行符合规定条件的永续债，也可以按照债券利息适用企业所得税政策，即：发行方支付的永续债利息支出准予在其企业所得税税前扣除；投资方取得的永续债利息收入应当依法纳税。

第十二章 特殊事项调整项目

> **划重点　消痛点**

本案例中，发行方 G 公司支付的永续债利息支出准予在其企业所得税税前扣除，投资方取得的永续债利息收入应当依法纳税。

若永续债发行方和投资方均为居民企业，投资方取得的永续债利息收入选择适用企业所得税法规定的居民企业之间的股息、红利等权益性投资收益免征企业所得税优惠政策的，发行方支付的永续债利息支出不得在企业所得税税前扣除。

> **知识链接**

什么是永续债？

根据财政部、税务总局公告 2019 年第 64 号第六条的规定，永续债，是指经国家发展改革委员会、中国人民银行、中国银行保险监督管理委员会、中国证券监督管理委员会核准，或经中国银行间市场交易商协会注册、中国证券监督管理委员会授权的证券自律组织备案，依照法定程序发行、附赎回（续期）选择权或无明确到期日的债券，包括可续期企业债、可续期公司债、永续债务融资工具（含永续票据）、无固定期限资本债券等。

第十三章 特别纳税调整所得项目

第一节 特别纳税调整项目

第 226 集

企业将设备无偿提供给关联方使用,需要作纳税调整吗?

甲公司于 2019 年 9 月出资设立乙公司,甲公司持有乙公司 100% 股权并对乙公司的资金、经营、购销等具有直接控制权。

甲公司和乙公司均为实行查账征收的居民企业,甲公司从 2020 年 1 月起将其持有的一台机器设备无偿提供给乙公司使用。

提问:林老师,甲公司将设备无偿提供给乙公司使用,在申报缴纳企业所得税时,需要作纳税调整吗?

林老师解答

需要。

◇ 政策依据

中华人民共和国企业所得税法

中华人民共和国主席令第二十三号修正

第四十一条 企业与其关联方之间的业务往来,不符合独立交易原则而减少企业或者其关联方应纳税收入或者所得额的,税务机关有权按照合理方法调整。

第十三章 特别纳税调整所得项目

中华人民共和国企业所得税法实施条例

中华人民共和国国务院令第714号修订

第一百零九条 企业所得税法第四十一条所称关联方,是指与企业有下列关联关系之一的企业、其他组织或者个人:

(一)在资金、经营、购销等方面存在直接或者间接的控制关系;

……

第一百一十条 企业所得税法第四十一条所称独立交易原则,是指没有关联关系的交易各方,按照公平成交价格和营业常规进行业务往来遵循的原则。

国家税务总局关于完善关联申报和同期资料管理有关事项的公告

2016年6月29日　国家税务总局公告2016年第42号

二、企业与其他企业、组织或者个人具有下列关系之一的,构成本公告所称关联关系:

(一)一方直接或者间接持有另一方的股份总和达到25%以上;双方直接或者间接同为第三方所持有的股份达到25%以上。

……

四、关联交易主要包括:

(一)有形资产使用权或者所有权的转让。有形资产包括商品、产品、房屋建筑物、交通工具、机器设备、工具器具等。

划重点 消痛点

本案例中，甲公司将该设备无偿提供给关联方乙公司使用，除企业所得税处理应作特别纳税调整之外，还应根据《财政部 国家税务总局关于全面推开营业税改征增值税试点的通知》（财税〔2016〕36号）附件1《营业税改征增值税试点实施办法》第十四条第（一）项"下列情形视同销售服务、无形资产或者不动产：（一）单位或者个体工商户向其他单位或者个人无偿提供服务，但用于公益事业或者以社会公众为对象的除外"的规定，申报缴纳增值税。

第二节 特别纳税调整期限

第 227 集　企业将专利权无偿提供给关联方使用，主管税务机关纳税调整期限应如何确定？

丙公司和丁公司均为 A 公司控股子公司，A 公司对丙公司和丁公司的资金、经营、购销等具有直接控制权。

A 公司、丙公司和丁公司均为实行查账征收的居民企业，丙公司从 2020 年 10 月起将其持有的一项专利无偿提供给丁公司使用。

提问：林老师，丙公司将专利权无偿提供给丁公司使用，主管税务机关进行纳税调整的期限如何计算确定？

林老师解答

主管税务机关有权在该业务发生的纳税年度即 2020 年起 10 年内，进行纳税调整。

◇ 政策依据

中华人民共和国企业所得税法实施条例

中华人民共和国国务院令第 714 号修订

第一百零九条　企业所得税法第四十一条所称关联方，是指与企业有下列关联关系之一的企业、其他组织或者个人：

……

（二）直接或者间接地同为第三者控制；

……

第一百二十三条　企业与其关联方之间的业务往来，不符合独立交易原则，或者企业实施其他不具有合理商业目的安排的，税务机关有权在该业务发生的纳税年度起10年内，进行纳税调整。

国家税务总局关于完善关联申报和同期资料管理有关事项的公告

2016年6月29日　国家税务总局公告2016年第42号

四、关联交易主要包括：

……

（三）无形资产使用权或者所有权的转让。无形资产包括专利权、非专利技术、商业秘密、商标权、品牌、客户名单、销售渠道、特许经营权、政府许可、著作权等。

划重点　消痛点

本案例中，主管税务机关对丙公司将专利权无偿提供给关联方丁公司使用的情形，依照规定作出纳税调整，需要补征税款的，应当补征税款，并按规定加收利息。

第五篇　汇算清缴篇

第十四章 企业所得税汇算清缴

第一节 企业所得税纳税地点

第228集

企业所得税纳税地点,应如何确定?

A 公司于 2019 年 9 月设立,属于实行查账征收的居民企业,登记注册地在甲市,未设立分支机构。

提问:林老师,A 公司企业所得税的纳税地点,应如何确认?

林老师解答

A 公司以登记注册地甲市为企业所得税的纳税地点。

◇政策依据

中华人民共和国企业所得税法

中华人民共和国主席令第二十三号修正

第五十条 除税收法律、行政法规另有规定外,居民企业以企业登记注册地为纳税地点;……

划重点 消痛点

本案例中,假定 A 公司登记注册地在境外,则该公司以实际管理机构所在地为企业所得税的纳税地点。

第二节　汇算清缴范围

第229集

新设立的企业，需要办理企业所得税年度汇算清缴吗？

B公司于2020年12月设立，属于实行查账征收的居民企业，2020年12月开始生产经营。

提问：林老师，B公司是2020年新设立的企业，需要办理2020年度企业所得税汇算清缴吗？

林老师解答

需要办理。

◇ 政策依据

国家税务总局关于印发
《企业所得税汇算清缴管理办法》的通知

2009年4月16日　国税发〔2009〕79号

第三条　凡在纳税年度内从事生产、经营（包括试生产、试经营），或在纳税年度中间终止经营活动的纳税人，无论是否在减税、免税期间，也无论盈利或亏损，均应按照企业所得税法及其实施条例和本办法的有关规定进行企业所得税汇算清缴。

第十四章 企业所得税汇算清缴

划重点　消痛点

本案例中,假定 B 公司实行核定定额征收企业所得税,则该公司无须进行企业所得税汇算清缴。

第三节 汇算清缴时间

第 230 集

企业所得税年度汇算清缴时间,应如何确定?

C公司于2008年11月设立,属于实行查账征收的居民企业,2019年正常生产经营。

提问:林老师,C公司2019年度企业所得税汇算清缴,应于何时办理?

林老师解答

C公司应于2020年1月1日至5月31日办理2019年度企业所得税汇算清缴。

◇ 政策依据

中华人民共和国企业所得税法

中华人民共和国主席令第二十三号修正

第五十四条 ……

企业应当自年度终了之日起五个月内,向税务机关报送年度企业所得税纳税申报表,并汇算清缴,结清应缴应退税款。

第十四章 企业所得税汇算清缴

中华人民共和国企业所得税法实施条例

中华人民共和国国务院令第714号修订

第一百二十八条 企业在纳税年度内无论盈利或者亏损,都应当依照企业所得税法第五十四条规定的期限,向税务机关报送预缴企业所得税纳税申报表、年度企业所得税纳税申报表、财务会计报告和税务机关规定应当报送的其他有关资料。

国家税务总局关于印发《企业所得税汇算清缴管理办法》的通知

2009年4月16日 国税发〔2009〕79号

第四条 纳税人应当自纳税年度终了之日起5个月内,进行汇算清缴,结清应缴应退企业所得税税款。

> **划重点 消痛点**

本案例中,假定C公司在2020年9月30日终止经营活动,则该公司应自实际经营终止之日即2020年9月30日起60日内,向主管税务机关办理当期企业所得税汇算清缴。

第四节　应纳税所得额的计算

第 231 集
企业所得税应纳税所得额，应如何计算？

D公司于2018年12月设立，属于实行查账征收的居民企业，采用企业会计准则进行会计核算，2020年正常生产经营。

D公司2020年收入总额为1000万元（不含增值税），无不征税收入及免税收入，允许税前扣除项目金额为800万元，允许弥补的以前年度亏损为100万元。

提问： 林老师，D公司2020年度企业所得税应纳税所得额，应如何计算？

林老师解答

D公司2020年度企业所得税应纳税所得额计算如下：

应纳税所得额 = 收入总额 − 不征税收入 − 免税收入 − 各项扣除 − 允许弥补的以前年度亏损 = 1000 − 0 − 0 − 800 − 100 = 100（万元）

◇ **政策依据**

中华人民共和国企业所得税法

中华人民共和国主席令第二十三号修正

第五条　企业每一纳税年度的收入总额，减除不征税收入、免税收入、各项扣除以及允许弥补的以前年度亏损后的余额，为应纳税所得额。

第十四章 企业所得税汇算清缴

> 划重点　消痛点

本案例中，假定 D 公司 2020 年度收入总额包含免税收入 20 万元，则该公司 2020 年度企业所得税应纳税所得额为 80 万元（100 – 20）。

第五节 应纳税额的计算

第 232 集

企业所得税应纳税额,应如何计算?

E 公司于 2019 年 2 月设立,属于实行查账征收的居民企业,采用企业会计准则进行会计核算,2020 年正常生产经营。

E 公司 2020 年度企业所得税应纳税所得额为 200 万元,适用企业所得税税率为 25%,可以享受减免所得税额为 20 万元。

提问:林老师,E 公司 2020 年度企业所得税应纳税额,应如何计算?

林老师解答

E 公司 2020 年度企业所得税应纳税额计算如下:

应纳税额 = 应纳税所得额 × 适用税率 − 减免所得税额 − 抵免所得税额

= 200 × 25% − 20 − 0

= 30(万元)

◇ 政策依据

中华人民共和国企业所得税法

中华人民共和国主席令第二十三号修正

第二十二条 企业的应纳税所得额乘以适用税率,减除依照本法关于税收优惠的规定减免和抵免的税额后的余额,为应纳税额。

第十四章 企业所得税汇算清缴

> **划重点　消痛点**

本案例中，假定 E 公司 2020 年度还可以享受抵免所得税额 10 万元，则该公司 2020 年度企业所得税应纳税额为 20 万元（30－10）。

第六节　总分支机构汇总申报纳税

第 233 集
分公司需要汇总缴纳企业所得税吗？

F 公司于 2016 年 10 月设立，属于实行查账征收的商品流通行业企业，登记注册地点在乙市，2019 年 10 月于丙市（乙市和丙市在不同的省份）设立 G 分公司，G 分公司不具有法人资格，独立会计核算。

F 公司和 G 分公司 2020 年正常生产经营。

提问：林老师，F 公司在办理 2020 年度企业所得税汇算清缴时，G 分公司需要汇总到总公司 F 公司计算并缴纳企业所得税吗？

林老师解答

需要。

◇ **政策依据**

中华人民共和国企业所得税法

中华人民共和国主席令第二十三号修正

第五十条 ……

居民企业在中国境内设立不具有法人资格的营业机构的，应当汇总计算并缴纳企业所得税。

第十四章 企业所得税汇算清缴

中华人民共和国企业所得税法实施条例

中华人民共和国国务院令第714号修订

第一百二十五条 企业汇总计算并缴纳企业所得税时，应当统一核算应纳税所得额，具体办法由国务院财政、税务主管部门另行制定。

知识链接

汇总纳税企业实行的企业所得税征收管理办法是什么？

《国家税务总局关于印发〈跨地区经营汇总纳税企业所得税征收管理办法〉的公告》（国家税务总局公告2012年第57号）第三条规定，汇总纳税企业实行"统一计算、分级管理、就地预缴、汇总清算、财政调库"的企业所得税征收管理办法：

（1）统一计算，是指总机构统一计算包括汇总纳税企业所属各个不具有法人资格分支机构在内的全部应纳税所得额、应纳税额。

（2）分级管理，是指总机构、分支机构所在地的主管税务机关都有对当地机构进行企业所得税管理的责任，总机构和分支机构应分别接受机构所在地主管税务机关的管理。

（3）就地预缴，是指总机构、分支机构应按本办法的规定，分月或分季分别向所在地主管税务机关申报预缴企业所得税。

（4）汇总清算，是指在年度终了后，总机构统一计算汇总纳税企业的年度应纳税所得额、应纳所得税额，抵减总机构、分支机构当年已就地分期预缴的企业所得税款后，多退少补。

（5）财政调库，是指财政部定期将缴入中央国库的汇总纳税企业所得税待分配收入，按照核定的系数调整至地方国库。

第六篇 其 他

第十五章 企业清算

第一节 企业清算的纳税年度

第 234 集 企业清算的纳税年度应如何确定？

甲公司依据《中华人民共和国公司法》等规定，从 2020 年 6 月 1 日开始进行清算，清算期至 2020 年 11 月 30 日。

提问：林老师，甲公司在计算清算所得及其应纳企业所得税时，如何确定纳税年度？

林老师解答

甲公司以清算期间即 2020 年 6 月 1 日至 2020 年 11 月 30 日作为一个纳税年度。

◇ 政策依据

中华人民共和国企业所得税法

中华人民共和国主席令第二十三号修正

第五十三条 ……

企业依法清算时，应当以清算期间作为一个纳税年度。

国家税务总局关于企业清算所得税有关问题的通知

2009年12月4日　国税函〔2009〕684号

一、企业清算时,应当以整个清算期间作为一个纳税年度,依法计算清算所得及其应纳所得税。……

知识链接

1. 什么是企业清算的所得税处理?

《财政部　国家税务总局关于企业清算业务企业所得税处理若干问题的通知》(财税〔2009〕60号)第一条规定,企业清算的所得税处理,是指企业在不再持续经营,发生结束自身业务、处置资产、偿还债务以及向所有者分配剩余财产等经济行为时,对清算所得、清算所得税、股息分配等事项的处理。

2. 哪些企业应进行清算的所得税处理?

财税〔2009〕60号文件第二条规定,下列企业应进行清算的所得税处理:

(1)按《公司法》《企业破产法》等规定需要进行清算的企业;
(2)企业重组中需要按清算处理的企业。

3. 企业清算的所得税处理包括哪些内容？

财税〔2009〕60号文件第三条规定，企业清算的所得税处理包括以下内容：

（1）全部资产均应按可变现价值或交易价格，确认资产转让所得或损失；

（2）确认债权清理、债务清偿的所得或损失；

（3）改变持续经营核算原则，对预提或待摊性质的费用进行处理；

（4）依法弥补亏损，确定清算所得；

（5）计算并缴纳清算所得税；

（6）确定可向股东分配的剩余财产、应付股息等。

第二节　企业清算的申报管理

第 235 集
企业清算所得税的纳税申报期限应如何确定？

接第 234 集案例。

提问：林老师，甲公司申报缴纳清算所得税的期限，应如何确定？

林老师解答

甲公司应当自清算结束之日即 2020 年 11 月 30 日起 15 日内申报缴纳清算所得税。

◇ 政策依据

中华人民共和国企业所得税法

中华人民共和国主席令第二十三号修正

第五十五条　……

企业应当在办理注销登记前，就其清算所得向税务机关申报并依法缴纳企业所得税。

国家税务总局关于企业清算所得税有关问题的通知

2009 年 12 月 4 日　国税函〔2009〕684 号

一、……企业应当自清算结束之日起 15 日内，向主管税务机关报送企业清算所得税纳税申报表，结清税款。

第十五章 企业清算

知识链接

1. 企业清算所得应如何计算？

《财政部 国家税务总局关于企业清算业务企业所得税处理若干问题的通知》（财税〔2009〕60号）第四条规定，企业的全部资产可变现价值或交易价格，减除资产的计税基础、清算费用、相关税费，加上债务清偿损益等后的余额，为清算所得。企业应将整个清算期作为一个独立的纳税年度计算清算所得。

2. 被清算企业的股东分得的剩余资产应如何纳税？

财税〔2009〕60号文件第五条规定，企业全部资产的可变现价值或交易价格减除清算费用，职工的工资、社会保险费用和法定补偿金，结清清算所得税、以前年度欠税等税款，清偿企业债务，按规定计算可以向所有者分配的剩余资产。被清算企业的股东分得的剩余资产的金额，其中相当于被清算企业累计未分配利润和累计盈余公积中按该股东所占股份比例计算的部分，应确认为股息所得；剩余资产减除股息所得后的余额，超过或低于股东投资成本的部分，应确认为股东的投资转让所得或损失。被清算企业的股东从被清算企业分得的资产应按可变现价值或实际交易价格确定计税基础。

第十六章 非居民企业所得税

第一节 非居民企业股息、红利所得

第236集

非居民企业取得股息、红利,应纳税所得额如何计算?

非居民企业 A 公司 2016 年 3 月向中国境内居民企业 B 公司投资,占 B 公司注册资本的 40%,公司章程约定股东按照出资比例分配税后利润。

2020 年 6 月 B 公司董事会作出决议,向股东分配税后利润 500 万元,其中 A 公司分得 200 万元。

A 公司在中国境内未设立机构、场所。

提问:林老师,A 公司取得红利,非居民企业所得税应纳税所得额如何计算?

林老师解答

A 公司取得红利,以收入全额 200 万元为应纳税所得额。

◇ 政策依据

中华人民共和国企业所得税法

中华人民共和国主席令第二十三号修正

第三条 ……

非居民企业在中国境内未设立机构、场所的,或者虽设立机构、场

第十六章 非居民企业所得税

所但取得的所得与其所设机构、场所没有实际联系的,应当就其来源于中国境内的所得缴纳企业所得税。

......

第十九条 非居民企业取得本法第三条第三款规定的所得,按照下列方法计算其应纳税所得额:

(一)股息、红利等权益性投资收益和利息、租金、特许权使用费所得,以收入全额为应纳税所得额;

......

中华人民共和国企业所得税法实施条例
中华人民共和国国务院令第714号修订

第一百零三条 ......

企业所得税法第十九条所称收入全额,是指非居民企业向支付人收取的全部价款和价外费用。

财政部 国家税务总局
关于非居民企业征收企业所得税有关问题的通知

2008年9月25日 财税〔2008〕130号

根据《中华人民共和国企业所得税法》第十九条及《中华人民共和国企业所得税实施条例》第一百零三条规定,在对非居民企业取得《中华人民共和国企业所得税法》第三条第三款规定的所得计算征收企业所得税时,不得扣除上述条款规定以外的其他税费支出。

划重点 消痛点

本案例中,假定B公司在中国境内外公开发行、上市股票(A股、B股和海外股),2020年5月向非居民企业股东A公司派发2019年度股息,

A公司未能享受税收协定待遇，根据《国家税务总局关于非居民企业取得B股等股票股息征收企业所得税问题的批复》（国税函〔2009〕394号）的规定，A公司适用的非居民企业所得税税率为10%。

知识链接

境外投资者以分配利润直接投资暂不征收预提所得税须满足哪些条件？

境外投资者暂不征收预提所得税须同时满足以下条件：

（1）境外投资者以分得利润进行的直接投资，包括境外投资者以分得利润进行的增资、新建、股权收购等权益性投资行为，但不包括新增、转增、收购上市公司股份（符合条件的战略投资除外）。具体是指：

① 新增或转增中国境内居民企业实收资本或者资本公积；

② 在中国境内投资新建居民企业；

③ 从非关联方收购中国境内居民企业股权；

④ 财政部、税务总局规定的其他方式。

境外投资者采取上述投资行为所投资的企业统称为被投资企业。

（2）境外投资者分得的利润属于中国境内居民企业向投资者实际分配已经实现的留存收益而形成的股息、红利等权益性投资收益。

（3）境外投资者用于直接投资的利润以现金形式支付的，相关款项从利润分配企业的账户直接转入被投资企业或股权转让方账户，在直接投资前不得在境内外其他账户周转；境外投资者用于直接投资的利润以实物、有价证券等非现金形式支付的，相关资产所有权直接从利润分配企业转入被投资企业或股权转让方，在直接投资前不得由其他企业、个人代为持有或临时持有。

第二节　非居民企业财产转让所得

第 237 集
非居民企业转让股权，应纳税所得额如何计算？

非居民企业 C 公司 2015 年 2 月向中国境内居民企业 D 公司投资 633 万元，占 D 公司注册资本的 30%。

C 公司 2020 年 6 月将持有的 D 公司 30% 股份全部转让，取得股权转让收入 800 万元，当月股权转让协议生效且完成股权变更手续。

C 公司在中国境内未设立机构、场所。

提问：林老师，C 公司转让股权，非居民企业所得税应纳税所得额如何计算？

林老师解答

C 公司转让股权，以收入全额 800 万元减除投资成本 633 万元的余额 167 万元为应纳税所得额。

◇ 政策依据

中华人民共和国企业所得税法

中华人民共和国主席令第二十三号修正

第三条　……

非居民企业在中国境内未设立机构、场所的，或者虽设立机构、场所但取得的所得与其所设机构、场所没有实际联系的,应当就其来源于中国境内的所得缴纳企业所得税。

......

第十九条 非居民企业取得本法第三条第三款规定的所得,按照下列方法计算其应纳税所得额:

......

(二)转让财产所得,以收入全额减除财产净值后的余额为应纳税所得额;

......

划重点 消痛点

本案例中,假定中国境内居民企业甲公司应向C公司支付股权转让款项,则甲公司为C公司转让股权需缴纳的非居民企业所得税的扣缴义务人。

第238集
非居民企业转让土地使用权,应纳税所得额如何计算?

非居民企业E公司2018年2月在中国境内购买土地使用权,其计税基础为500万元。

E公司2020年6月将上述土地使用权转让,取得转让收入700万元(不含增值税)。

E公司在中国境内未设立机构、场所。

提问:林老师,E公司转让土地使用权,非居民企业所得税应纳税所得额如何计算?

第十六章 非居民企业所得税

林老师解答

E公司转让土地使用权，以收入全额700万元减除计税基础500万元的余额200万元为应纳税所得额。

◇ 政策依据

国家税务总局关于非居民企业所得税管理若干问题的公告

2011年3月28日　国家税务总局公告2011年第24号

三、关于土地使用权转让所得征税问题

非居民企业在中国境内未设立机构、场所而转让中国境内土地使用权，或者虽设立机构、场所但取得的土地使用权转让所得与其所设机构、场所没有实际联系的，应以其取得的土地使用权转让收入总额减除计税基础后的余额作为土地使用权转让所得计算缴纳企业所得税，并由扣缴义务人在支付时代扣代缴。

划重点　消痛点

本案例中，假定E公司转让土地使用权，支付人为中国境内居民企业乙公司，则乙公司为扣缴义务人，在向E公司支付土地使用权转让款时，应代扣代缴E公司转让土地使用权需缴纳的非居民企业所得税。

第三节　非居民企业特许权使用费所得

第 239 集

非居民企业特许权使用费所得，可以享受减免企业所得税优惠吗？

扫码看视频

非居民企业 G 公司在中国境内未设立机构、场所，2020 年 10 月向境内居民企业 H 公司收取特许权使用费。

G 公司取得特许权使用费所得，未享受税收协定待遇。

提问：林老师，G 公司 2020 年 10 月取得特许权使用费所得，可以享受减免企业所得税优惠吗？

林老师解答

G 公司取得特许权使用费所得，减按 10% 的税率征收企业所得税。

◇ 政策依据

中华人民共和国企业所得税法

中华人民共和国主席令第二十三号修正

第三条 ……

非居民企业在中国境内未设立机构、场所的，或者虽设立机构、场所但取得的所得与其所设机构、场所没有实际联系的，应当就其来源于中国境内的所得缴纳企业所得税。

……

第十六章 非居民企业所得税

第二十七条 企业的下列所得,可以免征、减征企业所得税:

……

(五)本法第三条第三款规定的所得。

中华人民共和国企业所得税法实施条例

中华人民共和国国务院令第714号修订

第九十一条 非居民企业取得企业所得税法第二十七条第(五)项规定的所得,减按10%的税率征收企业所得税。

> **划重点 消痛点**

本案例中,假定G公司取得特许权使用费所得,可以享受税收协定待遇,则G公司需缴纳的非居民企业所得税按照税收协定待遇的相关规定办理。